Europa. Última oportunidad

ENRICO LETTA

EUROPA. ÚLTIMA OPORTUNIDAD

ESPASA

Título original: *Molto più di un mercato. Viaggio nella nuova Europa*

Espasa es un sello editorial de Editorial Planeta, S. A.
Avda. Diagonal, 662-664, 08034, Barcelona (España)
www.espasa.com
www.planetadelibros.com

Primera edición: marzo de 2025

Depósito legal: B. 2.477-2025
ISBN: 978-84-670-7613-4
Preimpresión: Safekat, S. L.
Impresión y encuadernación: Rodesa, S. A.
Printed in Spain - Impreso en España

PEFC Certificado
Este libro procede de bosques gestionados de forma sostenible
PEFC
PEFC/14-38-00305
www.pefc.es

A la memoria de Jacques Delors.

Índice

PRIMERA PARTE
EL VIAJE POR EUROPA

SEGUNDA PARTE

SÍNTESIS DEL INFORME *MUCHO MÁS QUE UN MERCADO*

PRIMERA PARTE

El viaje por Europa

Introducción
Unidad o irrelevancia: el dilema europeo en la era de Trump

Este libro cuenta un largo viaje. Se trata de un viaje tanto físico como intelectual. Un viaje que ha tocado decenas de ciudades europeas y me ha permitido participar en centenares de encuentros de Helsinki a Málaga. Un viaje que en casi un año de trabajo me ha llevado a elaborar análisis y propuestas sobre el futuro del mercado único europeo, pensadas mediante un gran ejercicio colectivo, siguiendo el consejo que recibí de Jacques Delors en mi último encuentro con él: «No te encierres en un despacho en Bruselas para escribir el informe. Las personas son el corazón del mercado único, ve a conocerlas donde viven, ve a todos los países europeos y, sobre todo, no te detengas en las capitales, recorre todo el territorio que puedas de los Estados miembros». Estas palabras me han acompañado durante toda esta estimulante aventura.

Recuerdo gratamente la intervención del presidente del Banco de Sabadell, Josep Oliu, en el encuentro con diversos sectores organizado por *La Vanguardia,* del Grupo Godó, en Barcelona, cuando dijo «Estamos muy agradecidos porque usted ha venido a escuchar y no estamos acostumbrados a que se nos escuche». Oliu estaba poniendo en valor el mandato de Delors que ha inspirado desde el primer día la elaboración de este informe: escuchar y escuchar a los representantes institucionales de la Unión, de sus Estados miembros, de sus sectores productivos.

Esta larga peregrinación, además de permitirme presentar el informe *Mucho más que un mercado,* también me ha llevado a tomar la decisión de establecerme durante los próximos años en España, en Madrid, e iniciar una nueva vida profesional en la IE University.

Vivo esta elección «española» como la culminación de muchos caminos de mi vida. Por una parte, se completa mi puzle personal de experiencia europea. A las ciudades en las que he vivido hasta ahora —Pisa, Estrasburgo, Roma y París— añado Madrid, y la pieza que se suma evidentemente está llena de significados. Entre otras cosas, sumo un número de móvil con el prefijo +34 a otros dos con +39 y +33 que ya acompañaban mi vida entre Italia y Francia. Y cuando reflexiono sobre el hecho de que tengo tres móviles mezclo elecciones privadas y análisis económicos y políticos, y anticipo de inmediato, aquí en el prefacio del libro, una de las propuestas de mi informe, basada en la transición de veintisiete mercados de telecomunicaciones a uno solo.

¿Qué motivo hay para tener veintisiete prefijos nacionales y, por tanto, veintisiete mercados nacionales, aparte del de fragmentar y debilitar a todos los operadores europeos del sector, ya demasiado pequeños respecto de los gigantes americano y asiático? Hace solo treinta años las telecomunicaciones hablaban «europeo», éramos el centro del mundo; hoy nos estamos convirtiendo, en este sector, en una colonia. Pasar a ser un verdadero mercado único europeo de las telecomunicaciones es un objetivo fundamental para reforzar la competitividad europea en un campo crucial: el de la conectividad. Además de sustituir, obviamente, con un común +0 (el +1 ya se lo han cogido desde hace tiempo nuestros amigos estadounidenses...), los demasiados e inútilmente diversificados prefijos telefónicos nacionales.

La decisión de establecerme en España es también el resultado de veinticinco años de historia del Foro de Diálogo España-Italia, un espacio de debate, amistad y cooperación que he promovido durante años, uniendo a los dos grandes países mediterráneos, con el apoyo constante de mi estimado amigo Josep Antoni Duran i Lleida. La última edición tuvo lugar en Barcelona en diciembre de 2024, gracias al respaldo del presidente de la Generalitat de Cataluña, Salvador Illa, y del alcalde de Barcelona, Jaume Collboni. Posteriormente, esta iniciativa fue seguida por la visita de Sus Majestades los Reyes de España a Roma, donde fueron recibidos por el presidente de la República italiana, Sergio Mattarella. Guardo con satisfacción el recuerdo de un enriquecedor intercambio con Su Majestad el Rey Felipe VI sobre la importancia crucial del vínculo especial que une a Italia y España. Confío en que esta colaboración continúe fortaleciéndose cada vez más, permitiendo que en la actual Unión Europea de veintisiete Estados miembros, y en la futura, de treintaiséis o más, los países afines trabajen de manera aún más cercana, tal como han hecho a lo largo de la historia de la Unión Europea el Benelux, el Grupo de Visegrado, los países escandinavos y los bálticos.

No pensemos que España e Italia son dos grandes países europeos y que, por tanto, pueden apañárselas solos. Error crucial. Una de las afirmaciones más acertadas que se ha hecho común en el interior de Europa es aquella que divide a los países europeos en dos grupos: los que son pequeños y los que aún no saben que son pequeños. Todos nosotros, los europeos, en un mundo dominado por Estados Unidos, China e India, somos pequeños si estamos solos. Solo como una Europa unida podemos competir con los que se han convertido, en pocas décadas, en verdaderos gigantes económicos y políticos. Si hay una lección que la historia reciente nos ha enseñado con claridad, es que la unidad es la respuesta más efectiva para que Europa afronte los desafíos globales. No se trata solo de una cuestión económica o comercial, sino de un principio estratégico esencial en un mundo donde las grandes potencias juegan con reglas propias.

La reciente agresividad mostrada por la Administración Trump hacia Europa no ha hecho más que reforzar esta convicción: si actuamos con una sola voz, tenemos los instrumentos necesarios para defender nuestros intereses y responder con firmeza a cualquier amenaza externa. Pero la unidad europea no es solo una herramienta de resistencia; es, sobre todo, una apuesta de futuro. Los beneficios de una mayor integración superan con creces los riesgos de cualquier medida proteccionista o arancelaria impuesta desde el exterior. Apostar por una Europa cohesionada no es solo un imperativo económico, sino también la prueba de que la cooperación y la integración pueden imponerse sobre el conflicto y la fragmentación. Solo así podremos consolidar un modelo capaz de resistir las turbulencias globales y seguir construyendo un proyecto europeo sólido y autónomo.

Desde siempre, España e Italia han mantenido posiciones similares en la vida europea, mientras que, a nivel político institucional, en vez de colaborar, han tenido que convivir con la «paradoja de la proximidad». Demasiado cercanas para no acabar, a veces, compitiendo incluso de manera encarnizada y recíprocamente perjudicial. Los veinticinco años de vida del Foro de Diálogo España-Italia me han enseñado que, aunque a las instituciones a veces les cuesta, las sociedades civiles de los dos países cada vez están más integradas. Y lo mismo ocurre con los sistemas económicos.

Por tanto, para mí es natural vivir en primera persona esta forma de integración creciente.

A todas estas consideraciones debo añadir que el papel de España ha sido fundamental para la elaboración del informe sobre el futuro del mercado único que las instituciones europeas me encargaron y del que trata este libro.

En efecto, fueron las presidencias española y belga del Consejo de la Unión Europea, junto con las de la Comisión y el Consejo Europeo, las que me confirieron este trabajo entre 2023 y 2024. Y no es casual que numerosas ciudades españolas figuren entre las sesenta y cinco etapas del viaje emprendido para su redacción.

Con el objetivo de presentar el informe y debatir su contenido, a partir de mayo de 2024 he realizado una segunda gira por Europa, con muchos encuentros igualmente interesantes y estimulantes. Pero en todos me hacían una pregunta recurrente: «¿Cómo poner en práctica las ideas del informe en un escenario europeo tan fragmentado y fuertemente orientado al nacionalismo?».

El libro es el instrumento para desarrollar un debate sobre estos temas más vivo y no restringido únicamente al circuito de los especialistas, los expertos o, en general, a los europeístas.

Pone en evidencia que no hay tiempo que perder y que Europa, debido a su fragmentación, está perdiendo velocidad respecto de las otras grandes economías mundiales. Y, si no hay tiempo que perder, es preciso que las soluciones para su relanzamiento estén listas y sean inmediatamente aplicables. Las que presento en este libro y en el informe lo son. No propongo cambios de tratados que en este momento restarían tiempo y energías, y que tampoco aseguran el resultado que se podría conseguir.

Con la esperanza de que todo esto se convierta en una realidad concreta para la vida de las personas y de las empresas, el elemento más importante es que las instituciones europeas hayan decidido acoger e implementar estas propuestas, junto con las del Informe Draghi, como lo demuestra el programa de la presidenta de la Comisión Europea, Ursula von der Leyen, y la Declaración de Budapest sobre competitividad, aprobada por unanimidad por el Consejo Europeo.

Así que ahora es el momento a actuar. Ahora tenemos «la última oportunidad». Porque nunca como ahora la inercia significa decadencia. Y la inercia nos llevará simplemente a preguntarnos, como países europeos individuales, si queremos ser una colonia estadounidense o china. Somos y seremos europeos; españoles y europeos, italianos y europeos. Nunca seremos una colonia estadounidense o china.

1
Un café en Liubliana, entre Trieste y Zagreb

Lo que escribo no me pertenece solo a mí. Es el resultado de un gran ejercicio colectivo, de un viaje en el que he apreciado la riqueza y la diversidad de toda la Unión Europea.

Ha sido el viaje más hermoso de mi vida. Hizo que me enamorara definitivamente de Europa. Continuamente me venían a la memoria las conversaciones con Jacques Delors en torno a su famosa frase «Nadie puede enamorarse del mercado único». Lo hablábamos durante los últimos años de su vida, cuando, encerrado en su casa de rue Saint-Jacques, en París, me recibía por la tarde, habitualmente a las cuatro, para que le pusiera al corriente de las actividades del Instituto Jacques Delors-Notre Europe, del que yo había asumido la presidencia poco después de iniciar mi desempeño como decano en la Escuela de Asuntos Internacionales de Sciences Po, en París. Yo le respondía a aquella frase y conversábamos sobre si el mercado único tenía capacidad o no de levantar pasiones.

Para mí, y para muchos de mi generación, aquella meta, y sobre todo las cuatro libertades de la «Europa del 92», había representado un sueño, acompañado de emociones, pasión, la sensación de estar viviendo un momento histórico que finalmente se hace realidad. Y, en efecto, en aquellos años era imposible no percibir, después de la desaparición de las fronteras internas en Europa, un gran ideal de libertad.

La libre circulación de mercancías, servicios, capitales y personas se había convertido casi en sinónimo de libertad *tout court,* también gracias a aquel extraordinario acontecimiento liberador que había sido la caída del Muro de Berlín, ocurrido más o menos al mismo tiempo.

Bien mirado, en el lenguaje de Delors, el «nadie puede enamorarse del mercado único» era el reflejo de su peculiar modo de trabajar y de su capacidad de concreción. Un espíritu pragmático que se traducía en estar siempre con los pies bien plantados en el suelo y en evitar cualquier sorprendente juego de prestidigitación, ya se tratara de comunicación o de promesas fáciles de hacer en términos de consenso. Para él, la esencia contaba más que cualquier otra cosa. Manteniendo la esencia era posible añadir lo demás, a partir de la narración y de un esfuerzo creativo genuino.

Sin embargo, yo, que siempre había asociado pasión y emociones a las cuatro libertades, también reconocía que en sus últimos treinta años de vida el mercado único había perdido impulso. Que las crisis que se sucedían estaban minando su estabilidad. Y que el gradual, pero inexorable, aumento del componente burocrático había desgastado el fervor inicial.

Las crisis, justamente. Como es sabido, han modificado los contornos de nuestra democracia. A partir de la doble debacle financiera de 2008 y 2011, el regreso a Europa de las pulsiones nacionalistas se convirtió en un proceso ininterrumpido que ha sometido a la construcción europea a una fuerte presión. La necesidad espontánea, por parte de amplias franjas de la población, de protección (y de protección de proximidad, y por tanto sobre todo nacional) se ha acentuado debido al gran número de acontecimientos traumáticos que han caracterizado la última década de la vida europea. El Brexit, la crisis migratoria, la crisis de la pandemia y después la infame invasión rusa de Ucrania, con la consiguiente e importante crisis energética, son solo los capítulos más negros de una larga historia de dificultades y de contradicciones que han perturbado gravemente a Europa y su principal consecución, es decir, el mercado único. Todo es innegable, pero hay una realidad que demasiado a menudo se nos escapa. En el fondo, estas crisis, que podemos decir que caracterizan una época, han demostrado, más allá de toda duda razonable, una evidencia: que la Unión Europea es insustituible. ¿Cómo habríamos afrontado la pandemia y la consiguiente recesión sin Europa? ¿Qué habría ocurrido sin la extraordinaria operación que supuso comprar en común las vacunas o sin los fondos Next Generation, la mayor operación de financiación, endeudamiento e inversión conjunta jamás experimentada en nuestro continente? ¿Y cómo habríamos soportado el impacto de la guerra en Ucrania sin una respuesta común inmediata?

Por consiguiente, para explicar estos años, no es suficiente contar con una sola clave de lectura. Hay al menos dos, que en muchos aspectos son complementarias. Por una parte, la necesidad de protección, que fácilmente encuentra salida en un relato nacionalista. Por la otra, el difuso sentimiento de insustituibilidad de la construcción europea, defendida hoy por casi todos, incluso por aquellos que antes ponían en entredicho su misma existencia. Europa imperfecta, criticada y vulnerable, pero insustituible.

Así que es bastante arduo establecer qué lugar pueden ocupar las pasiones dentro de este complejo encaje de contradicciones. Yo, como decía, he percibido mucha pasión y he descubierto la fuerza de las emociones en este largo viaje realizado a lo largo y ancho de Europa para preparar y escribir el informe sobre el futuro del mercado único que me solicitaron las instituciones comunitarias, en particular, el Consejo y la Comisión, del que se incluye una síntesis en la segunda parte del libro. Un trabajo que he emprendido partiendo de las excelentes intuiciones que contiene el Informe de Mario Monti de 2010, punto de referencia todavía actual para animar el debate sobre el futuro del mercado único.

Durante casi nueve meses he participado en cuatrocientas reuniones y visitado sesenta y cinco ciudades. He dialogado con los representantes de los Gobiernos y de los parlamentos de los veintisiete países miembros y de los otros Estados que en todo o en parte están integrados en el mercado único (Noruega, Liechtenstein, Islandia y Suiza). He debatido, a veces animadamente —incluso muy animadamente—, con representantes de los agentes sociales, empresas, sindicatos, bancos, seguros, profesionales, cooperativas, asociaciones del sector terciario y de consumidores. He tenido ocasión de hacerlo en la principal capital europea, Bruselas, pero también en las ciudades visitadas de los distintos Estados miembros. He tenido el extraordinario privilegio de reunirme con gran número de estudiantes en muchos entornos académicos, donde he podido confrontar mis ideas y escuchar tesis y propuestas.

Me ha enriquecido el diálogo mantenido con gran parte de las mejores mentes académicas europeas, y no solo con ellas. Igualmente he podido hacerlo visitando muchos prestigiosos *think tanks* en Bruselas y en las capitales de los Estados miembros, pero también fuera de la Unión Europea, en Ginebra, en Londres, en Johannesburgo, en Nueva York y en Washington. He conocido a numerosos ciudadanos de todos los países. Ciudadanos apasionados y ciudadanos enfadados, ciudadanos con ganas de debatir y ciudadanos desconfiados. También, a aquellos que han intervenido en la mayor experiencia de democracia participativa europea que fue la Conferencia sobre el Futuro de Europa. Junto a ellos, y escuchándolos, me he convencido de que la participación política a nivel europeo debe ser profundamente revitalizada. He entendido el riesgo que corre nuestra democracia, encuadrada en esquemas antiguos y poco adecuados a las condiciones actuales y a su dimensión internacional.

Fue un extraordinario viaje por la belleza de Europa, una belleza que proviene sobre todo de la diversidad y de la riqueza de historias milenarias y de tradiciones antiquísimas que confluyen en un horizonte siempre renovado. Me he sentido reanimado y sobre todo enriquecido. Por doquier he captado matices, diferencias y tonalidades diversas. Nunca he tenido la impresión de que estas diferencias hayan enmascarado incompatibilidades estructurales y menos aún radicales. En todas partes he detectado profundas corrientes de pensamiento, a menudo vertiginosas y muy atractivas. Nunca he percibido superficialidad y falta de conciencia de la responsabilidad que recae sobre la construcción común europea.

La curiosidad y el respeto por el punto de vista de los otros ha sido el hilo conductor de los intercambios y de los encuentros, aun cuando hubiera grandes divergencias. En el fondo es precisamente así como descubrimos la fuerza de la Unión Europea. Decidir juntos en el seno de las instituciones que nos ven convivir, personificando todos facetas diversas, historias diferentes y geografías y climas incluso radicalmente opuestos, representa un ejercicio emocionante, a veces fatigoso, pero siempre productivo, de democracia y de participación basado en el respeto recíproco.

¿Estoy hablando de un idilio? ¿De una historia edulcorada respecto de la dura realidad construida a raíz de muchas contraposiciones y divisiones, de enfrentamientos, bloqueos y vetos? No, desde luego que no. Nunca como en este viaje a Europa he entendido todas las dificultades y percibido todos los obstáculos a los se enfrentan las instituciones europeas para poder tomar decisiones de la manera más justa y en el momento más adecuado. Pero, para redactar el informe, también he recibido numerosas ideas y sugerencias, fruto de una apasionada militancia europeísta y de mucha experiencia repartida entre Bruselas y las capitales europeas. Estoy profundamente agradecido a todos aquellos que, de una forma u otra, han contribuido a este proceso de elaboración colectiva. Me gustaría citarlos a todos, pero sería necesario otro libro para hacerlo.

Es estimulante la sensación que se experimenta al percibir que la diversidad puede convertirse en riqueza. Y cómo Europa es una muestra única de esas diferencias que se convierten en patrimonio común. El viaje, que ha finalizado con la publicación del informe *Mucho más que un mercado,* me ha hecho ser consciente del carácter extraordinario de la idea y de la creación europeas. Esta belleza debe abandonar la dimensión abstracta y convertirse en una experiencia real de vida.

El informe, pues, no es «mío». Obviamente, soy el autor y cargo con toda la responsabilidad sobre mis hombros. Pero este informe es, ante todo, el resultado de un gran ejercicio colectivo que ha implicado a muchas personas y canalizado muchas ideas.

Evidentemente, el enamoramiento es un concepto que, sobre el papel, no tiene mucho que ver con el mercado, con la sociedad y con Europa. Desde este punto de vista, Delors no estaba del todo equivocado. Pero la pasión puede y debe estar. Durante siglos, el solo hecho de ser de nacionalidades diferentes hacía imposible la convivencia y favorecía el enfrentamiento. La historia de los países europeos es una larga e implacable sucesión de victorias y derrotas. Un fluctuante, eterno, arriba y abajo entre intentos de hegemonía y restablecimiento del equilibrio, en el cual la destrucción, la muerte y la devastación eran el corolario natural del sistema binario victoria/derrota. Esta ecuación entró en crisis con el nacimiento de la Europa comunitaria. De manera que países limítrofes que durante siglos habían hecho la guerra aceptaron un esquema de convivencia que se tradujo en paz y oportunidad de bienestar.

Es la Europa unida la que nos ha enseñado que podemos ganarnos a nuestros vecinos mediante la cooperación. En este viaje he atravesado decenas y decenas de fronteras, y nunca he sentido que hoy en día tuvieran el significado que les hemos dado durante siglos. Por ejemplo, la «frontera de fronteras», la que existe entre Francia y Alemania. La he cruzado muchísimas veces sin ningún problema y, sin embargo, no hace falta esforzarse demasiado para volver a conectarla con los millones de muchachos que no han podido desarrollar una vida plena porque durante siglos fueron enviados a morir precisamente allí, con el fin de desplazarla unos kilómetros hacia delante o hacia atrás. Un razonamiento similar puede seguirse respecto al Isonzo, el Brennero y el Adigio, puntos de conflicto entre Italia y Austria. O para la ciudad de Gorizia, dividida en dos durante decenios por el telón de acero y actualmente reunificada gracias a la Unión Europea en una sola ciudad, declarada capital cultural en 2025.

Escribo estas líneas en un café de Liubliana. Para visitarla he pasado por Trieste, luego iré a Zagreb. Cruzo estas fronteras y ni siquiera me percato de ello. Millones de personas han combatido y se han matado durante siglos para defenderlas. Gracias a la Unión Europea no sucederá nunca más. Hemos sido afortunados al nacer en Europa en el siglo correcto, y debemos hacer lo que sea para no desperdiciar el destino que recibimos en herencia. Este libro es, a la vez, un canto a Europa y una llamada a la acción para ser dignos de su grandeza.

2
El taxista de Berlín

En casi cuarenta años ha cambiado todo. Entender el nuevo orden mundial y una geopolítica en continua transformación es esencial para el futuro del mercado único.

Estoy en Berlín con mis colaboradores Tullio Ambrosone y Andrea Lamberti. Cogemos un taxi en una jornada repleta de citas entre el Bundestag, ministerios diversos, la cancillería y, por último, la Hertie School, universidad en la que se encuentra el Centro Delors, donde nos espera su director, Johannes Lindner. El conductor nos oye hablar y comprende que somos italianos. A la llegada a nuestro destino saco la tarjeta, nos mira con una sonrisa cómplice y dice: «¡Eh, no sois suecos! Con los italianos nada de tarjetas de crédito, dadme *cash*». No soy capaz de replicar con rapidez y saco el efectivo.

Recuerdo la primera vez que fui a Berlín. Tenía veinte años y aún estaba el Muro. Nada de taxis: metro y a pie. Nunca olvidaré la sala del control de pasaportes en el famoso Checkpoint Charlie. Noche cerrada, las paredes y el techo del gran recinto completamente negros. Solo una luz que me iluminaba y una garita desde la que el agente de la RDA verificaba mis documentos, en silencio y con un leve atisbo de sospecha en el aire. Salí de allí con una extraña inquietud: existían, claro, las ganas de ver finalmente Berlín Este, pero también, de repente, el deseo de volver lo antes posible a las luces, a las sonrisas y a los ruidos de Berlín Oeste.

Mientras que yo, un veinteañero, atravesaba el Checkpoint Charlie, en Bruselas, Jacques Delors ya había concebido y lanzado el mercado único. Por tanto, si lo encuadramos en una perspectiva histórica, nos damos cuenta de que se trataba de un plan elaborado y llevado a la realidad con la Guerra Fría en curso y con el Muro de Berlín aún en pie. No se trata de una simple cuestión de fechas, porque, en el plano estrictamente geopolítico, que uno de los principales puntos de inflexión del recorrido de la integración europea se produjera con Alemania aún dividida es un aspecto cuanto menos interesante. Además —aún existía la Unión Soviética—, la Unión Europea ni siquiera tenía ese nombre y estaba compuesta por tres comunidades; China e India juntas representaban menos del 5% de la economía global (hoy, más del 20%) y de los BRICS ni se había creado el acrónimo.

Hoy, como entonces, la capital de aquella Alemania luego reunificada es, sin duda, uno de los lugares más emblemáticos para reflexionar sobre el impacto del orden global sobre el mercado único. Se trata, en definitiva, de observar el «cuadro general» y de encajar la reforma del mercado único a la luz de los cambios de la modernidad, de modo que sea plenamente incluido en la fase que atravesamos y que pueda adaptarse a ella para proporcionar prosperidad y bienestar a los ciudadanos europeos, incluso para los próximos treinta años.

Europa, entre tanto, se ha reunificado y ampliado, y se está preparando para nuevas adhesiones. Casi todo el espacio europeo exsoviético es parte de la Unión o se postula para serlo. Cuando Delors lanzó las «cuatro libertades», cuando fue diseñado el mercado único, la Unión Europea estaba compuesta por diez Estados miembros, de los que uno, importante en general y muy importante para el mercado único, nos dejó en 2016 tras el referéndum del Brexit: el Reino Unido. Por su parte, España y Portugal entraron un año después de que Delors iniciara su presidencia, en 1986. El mercado único de los próximos treinta años podría, en cambio, ser compartido por casi cuarenta países, si incluimos a los candidatos a la adhesión y los tres Estados que ya lo comparten sin ser miembros de la Unión Europea: como ya hemos visto, Noruega, Islandia y Liechtenstein. En resumen, de esta cuarentena de países, solo nueve pertenecen a ella desde el principio: Italia, Francia, Alemania, Bélgica, Países Bajos, Luxemburgo, Dinamarca, Irlanda y Grecia.

Es difícil encontrar otros proyectos políticos que hayan registrado un aumento de sus dimensiones tan rápidamente. Está claro que este crecimiento modifica desde el interior y en profundidad la idea misma del mercado único, así como una gran parte de su marco regulador y de sus valores. Debido, sobre todo, a la frontera del este con Rusia, que se convierte en una frontera de telón de acero, como aquellas que la Europa unida conoció antes de 1989. Una frontera de Guerra Fría distorsiona las dinámicas geopolíticas y recalibra numerosos equilibrios internos, ya sean económicos o, evidentemente, de seguridad. Los territorios fronterizos se convierten en estratégicos y los países que comparten este espacio juegan diversos papeles. Bien mirado, los equilibrios internos también se ven afectados por importantes cuestiones de valor que, cuando se lanzó el mercado único, no eran ni remotamente objeto de discusión interna en las instituciones europeas.

Los países fundadores y los de las primeras ampliaciones compartían, en efecto, una visión común de los principios fundacionales del Estado de derecho y de la democracia liberal. Nada había que debatir sobre estos valores, ni había que idear fórmulas de compromiso, condiciones y escenarios de requerimientos o incluso de expulsión. No es casual que en los primeros tratados ni siquiera estuviera contemplada la salida de un país.

Cuanto ha ocurrido en el último quinquenio en distintos países, empezando por Polonia y Hungría, ha alterado radicalmente los términos de la cuestión y ha condicionado profundamente la reflexión en torno a los valores fundamentales de la Unión Europea y a las formas más idóneas para garantizar el respeto en su seno, además de conjurar eventuales escaladas de carácter autoritario u otros fenómenos que erosionen los pilares de la democracia. Es un asunto que se ha planteado varias veces, siempre con tono de preocupación, en los diversos encuentros que he mantenido; pienso en las buenas conversaciones que tuve, en Madrid y en Berlín, con el presidente Pedro Sánchez y con el canciller Olaf Scholz, pocas semanas antes de la presentación del informe.

Desde esta perspectiva, es evidente que cualquier debate sobre las siguientes ampliaciones no podrá prescindir de la evolución del escenario geopolítico. Y no hace falta decir que el mismo debate sobre el futuro del mercado único debe, de inmediato, tenerla en cuenta. Por eso en el informe he puesto el acento en la relación entre los principios básicos del Estado de derecho y el mercado único. En el pasado este aspecto se tenía en cuenta, no parecía necesario. Hoy lo es. Aún más: es fundamental por muchos motivos. Cito uno en particular del que me he ocupado durante la jornada que pasé en Luxemburgo en el Tribunal de Justicia de la Unión Europea.

La cuestión de la independencia de la justicia a escala nacional tiene un impacto directo sobre el funcionamiento del mercado único a nivel europeo. He hablado de ello con el presidente del tribunal, Koen Lenaerts. Mis encuentros con él, durante este viaje a Europa para la preparación del informe, han sido de los más valiosos. En efecto, si no se administra justicia de manera independiente y según los parámetros compartidos, se malogra una de las principales condiciones de éxito del mercado único. Cualquier ciudadano de un país europeo debe poder fiarse de cómo se aplican los principios jurídicos en un Estado miembro que no es el suyo. Si, por ejemplo, en un país de la Unión Europea, los jueces favorecieran a una empresa local respecto de otro competidor europeo, prescindiendo de la correcta aplicación del derecho por un eventual caso de litigio, la existencia del mercado único ya no tendría sentido. En definitiva, cada uno estaría obligado a operar en el propio país o fusionarse con empresas locales para tener las mismas oportunidades de competencia. Esto, sencillamente, ya no sería un mercado único. Por tanto, la independencia de la justicia, una de las piedras angulares del Estado de derecho, debe ser garantizada sin vacilaciones en toda la Unión Europea. Y he puesto solo un ejemplo muy básico para describir el correcto funcionamiento de un espacio único basado en las cuatro libertades.

La nueva geopolítica del mercado único propicia, por lo demás, muchas otras consecuencias, especialmente las que conciernen a la seguridad y a la defensa. Más adelante analizo su impacto sobre las instituciones europeas y sobre las exigencias de financiación de la Unión. Otras repercusiones se tratan en capítulos específicos y se refieren a la lógica de las dimensiones del mercado europeo y de sus agentes principales. Premisa obligatoria: no soy un amante del gigantismo; es más, pienso que la gran fuerza de Europa es precisamente la combinación adecuada de grandes y pequeños. Una posición que he compartido también en Madrid durante una agradable reunión que mantuve con los miembros de la Confederación Española de Organizaciones Empresariales (CEOE), dirigida por Antonio Garamendi.

Este virtuoso equilibrio permite mantener el máximo respeto hacia la persona, tanto en calidad de ciudadano como de consumidor. La protección de los consumidores es una de las conquistas más significativas de la Europa unida. No existe ninguna duda de que debe mantenerse —es más, reforzarse— como argumento a lo largo del informe, tal como lo he compartido con la Organización Europea de Consumidores (BEUC, por sus siglas en francés) y con asociaciones de consumidores locales y nacionales en muchos encuentros durante este viaje. Es bueno, por consiguiente, reafirmarlo: no hay cuestión geopolítica que pueda intercambiarse por la protección de los ciudadanos y los consumidores europeos.

Pero, en numerosos sectores, la protección de los consumidores pasa hoy por superar la fragmentación en veintisiete mercados nacionales para alcanzar un verdadero mercado europeo. Ante todo, porque este es el único modo de eliminar odiosas diferencias entre países en términos de estándares y niveles de protección de los ciudadanos. Pero, especialmente, porque hoy en día, en numerosos sectores estratégicos, los mercados nacionales son un freno para el crecimiento y la innovación de las empresas, que ofrecen a los consumidores europeos servicios mucho menos avanzados, eficientes y competitivos que los que podrían ofrecer si operaran a una escala verdaderamente europea.

En los años ochenta, en dichos sectores estratégicos —empezando por los mercados financieros, las telecomunicaciones y la energía—, los mercados nacionales representaban para los Gobiernos un eficaz instrumento de tutela de los intereses nacionales y de los propios ciudadanos. Hoy ya no es así: los mercados nacionales son un techo, un obstáculo para el crecimiento y la innovación de las empresas, lo que expone a todos los países europeos a enormes riesgos estratégicos y obliga a los consumidores a aceptar ofertas y servicios mucho menos ventajosos que los que podrían lanzar al mercado empresas con un alcance verdaderamente europeo, con capacidad para resistir la competencia con los gigantes estadounidenses, chinos o indios. He tenido la oportunidad de profundizar en este tema en un evento organizado en Madrid por el Nueva Economía Fórum (NEF), donde hablé extensamente con el ex vicepresidente de la Comisión Europea y gran experto en el sector Joaquín Almunia.

Esta reflexión conlleva inmediatas consecuencias en el plano geopolítico. No por casualidad, en prácticamente todas las visitas del viaje, se ha establecido una conexión entre la preocupación por el futuro del mercado único y las transformaciones que han tenido lugar, entre tanto, en el escenario geopolítico. Una conexión, en términos de elaboración intelectual, que en algunos casos ha sido también un vínculo, por así decirlo, tangible, muy actual, con eventos que tenían lugar en aquellos meses y que modificaban por el camino algunos elementos de fondo.

Pienso, por ejemplo, en mi visita a Zagreb y en los encuentros con el primer ministro y con el Gobierno croata, con los agentes sociales, las autoridades independientes y el mundo académico. Todas esas conversaciones tuvieron lugar el 12 de marzo de 2024, el mismo día en que se abrió el proceso de negociación para el ingreso de Bosnia-Herzegovina en la Unión Europea. Vivir ese acontecimiento precisamente en Croacia, con todo lo que implica en términos de relaciones presentes, pasadas y futuras con Sarajevo, fue impactante para mí. Así como fue muy significativo ir a Estocolmo en los días en los que finalizaba el proceso de adhesión de Suecia a la OTAN, o visitar los países bálticos en plena ofensiva rusa en Ucrania. Es como si la historia se cumpliera, pieza a pieza, a la vez que viajaba, casi haciéndonos fatigosa la tarea de mantener el ritmo y adaptar nuestra reflexión a los cambios que tenían lugar.

No obstante, durante las visitas a los Estados miembros, me he reafirmado en una idea que ya tenía clara, a partir del apoyo que recibí de Alexander De Croo y Pedro Sánchez, así como del entonces presidente del Consejo Europeo, Charles Michel; la presidenta de la Comisión, Ursula von der Leyen, y el alto representante de la Unión para Asuntos Exteriores y Política de Seguridad, Josep Borrell. De distinta manera y en diferentes momentos, siempre me han sugerido lo mismo: que el contexto geopolítico era esencial para el informe.

Pero también han sido importantes los encuentros mantenidos fuera de Europa, que me han convencido aún más de la corrección de este planteamiento. Observar Europa desde fuera es siempre esclarecedor para entender lo marginal que puede llegar a ser y cómo la fragmentación y la lógica nacionalista representan un riesgo mortal. En particular, me sucedió esto en Johannesburgo, cuando me reuní con los representantes de las instituciones de Sudáfrica, uno de los BRICS. Escuchar al secretario general del Congreso Nacional Africano (CNA), Fikile Mbalula, y debatir con él fue muy esclarecedor. También porque precisamente en Johannesburgo tuve otro *flashback* mientras pasaba por delante del estadio de Soweto, donde, en diciembre de 2013, participé como primer ministro de Italia en un acontecimiento único: la ceremonia de homenaje a Nelson Mandela tras su fallecimiento. El mundo entero se había reunido allí, y la impresión que tuve aquel día de diciembre de hace once años de la marginalidad que podía llegar a tener Europa, a la que acabo de referirme, me recuerda en muchos aspectos a las preocupaciones que tengo hoy. Poca relevancia por los asistentes, por los discursos, por las evocaciones, por el tenor general de aquella inolvidable jornada.

Una escasa relevancia a la que no podemos, ciertamente, resignarnos. Debemos asumir la necesidad de que la Unión Europea y su mercado único den un salto de nivel como algo irrenunciable y con urgencia máxima. Las decisiones de los próximos años serán determinantes para entender si elegimos la fragmentación y, por tanto, la insignificancia y la decadencia, o si realmente queremos seguir el ritmo de los cambios que se producen en el mundo.

Lo que he aprendido tras este viaje es que la inercia equivale a la decadencia. La dimensión geopolítica del mercado único lo demuestra. La inercia es una elección. Y es negativa. Si queremos invertir la tendencia, debemos elegir actuar y no quedarnos quietos.

3
Entre los agricultores en Varsovia

La ampliación es una decisión estratégica, una decisión de no retorno. Podemos aprender muchas lecciones del pasado para gestionarlo mejor.

Para llegar al Colegio de Europa en Natolin, en la periferia de Varsovia, debo driblar los cortes de carreteras de los agricultores que asedian la capital polaca. Voy allí a intercambiar opiniones sobre la dimensión exterior del mercado único y, en particular, sobre la ampliación de la Unión Europea a Ucrania y a los países balcánicos, en presencia de más de cien estudiantes. Conocen bien la materia, están preparados. En Natolin se encuentra una de las dos sedes del Colegio de Europa, la que se dedica a la ampliación de Europa, en estrecha relación con la sede de Brujas, que dirige actualmente Federica Mogherini.

Mientras llego a Natolin oigo las consignas de los agricultores polacos que van en procesión desde la gran plaza Piłsudski de Varsovia. Me las traducen, obviamente. Dicen en voz alta que les preocupa quedarse en la estacada, verse obligados a costear la ampliación de la Unión Europea a Ucrania, una potencia agrícola por excelencia, que previsiblemente alarma a muchos dentro de la Unión, o el precio de la transición ecológica, el Pacto Verde Europeo. Hablo con algunos de ellos en la calle. No es fácil hacerse entender, pero el concepto es tan sencillo y directo que, a pesar de la lengua, no nos cuesta demasiado. No quieren ser solo, o principalmente, los que asuman el coste de la transición verde. Había tenido ocasión de hablar a fondo de este asunto con uno de los mejores ministros de Agricultura de la UE, el español Luis Planas, profundamente europeísta y conocedor de las inquietudes de los agricultores europeos.

Este es uno de los grandes objetivos de la Unión. Un objetivo confirmado, estratégico e incluso vital. Pero, como todos los grandes proyectos, su coste es elevado. Se habla de que se necesitan inversiones de entre los 500.000 y los 700.000 millones de euros al año durante la próxima década. El hecho de que las instituciones europeas y los Gobiernos nacionales no hayan especificado cómo harán frente a este enorme gasto hace sospechar a los agricultores que precisamente serán ellos los que salgan perdiendo. No estoy de acuerdo con los excesos de ciertas protestas, pero es difícil refutar su lógica.

Superados los cortes de los agricultores, llego al Colegio de Europa, donde me reúno con los estudiantes y juntos tratamos el mismo asunto: distintos argumentos, objeciones razonables, que son ejemplo de la complejidad de una cuestión sobre la que no es posible proceder dialécticamente a hachazos. Es un buen debate, lleno de ideas y estímulos intelectuales. Sobre todo, se trata de una discusión real y difícil, también porque participan estudiantes que provienen de los países candidatos al ingreso. Como sucede en cada ampliación, siempre es conmovedor ver sus rostros y percibir en ellos las expectativas de quienes quieren ser parte de la Europa unida. A todos los efectos, la aspiración a convertirse en ciudadanos europeos sigue siendo todavía un motor de una potencia incomparable. Y para nosotros, europeos de primera hora, este deseo es una lección más de lo preciosa e importante que es la Europa de las cuatro libertades, construida con tanto empeño, inteligencia y determinación por Jacques Delors. Las propuestas son potentes y al final no puede más que prevalecer la apertura y la aceptación.

¿Cómo se puede dejar fuera a países cuya independencia y seguridad al margen de la Unión Europea no están plenamente garantizadas? ¿Con qué valor se pueden hacer añicos los sueños de tantos jóvenes que se encuentran en la encrucijada entre experimentar en su día a día todas las libertades, las oportunidades y la seguridad de la ciudadanía europea, o permanecer en un limbo de incertidumbres y precariedad, que, por otra parte, puede ser desbaratado de un momento a otro por imprevisibles giros neoimperialistas, o incluso por daños colaterales menores de quién sabe qué vaivenes de la historia?

La ampliación es una de las decisiones estratégicas más delicadas, pero también la más importante de la vida europea. Es difícil, una decisión de no retorno. Se puede aludir que existió el Brexit y que, por tanto, después de todo se puede dar media vuelta, pero yo creo que en definitiva fue una excepción. Una costosa, autodestructiva y desgraciada excepción. La regla sigue siendo el no retorno. Y si no existe posibilidad alguna de cambio de sentido, no son admisibles ni la nostalgia ni el remordimiento por el después, ni, sobre todo, la aproximación y la superficialidad del antes, es decir, de la fase en la que la ampliación se decide y luego se gestiona. Porque la Europa que resulta de una ampliación sencillamente no es la misma de antes. Sí, es otra cosa.

Hemos tardado un poco en aprenderlo, pero hoy me parece que todos lo tenemos claro. ¿Durante cuántos años hemos seguido adelante, después de la gran ampliación al este, la que tuvo lugar entre 2004 y 2007, manteniendo la ilusión de que todo era como antes? El tren era el mismo, pensábamos. Y para guiarlo había más o menos los mismos conductores. Después de todo se habían añadido solo unos cuantos vagones allí detrás, abajo, al fondo. Todo eran ilusiones. La realidad es que la Europa posterior a la ampliación era mucho más compleja de gestionar.

Cuanto ha ocurrido en estos años en Polonia y Hungría nos ha obligado a asimilar profundamente dos realidades: por un lado, el engorroso peso de los impulsos identitarios y, del otro, el freno que ha supuesto la complejidad de las reglas que hemos acarreado como un lastre durante años, sin tener la determinación o la fuerza política necesarias para modificarlas.

El derecho de veto es el ejemplo más clamoroso. La Europa de hoy, amplia y con esta generosa facultad de interdicción, afronta dificultades distintas de las que experimentó en el pasado. Y se entiende a la perfección que hace años, inmediatamente después de la primera ampliación, fue un error capital no haber rechazado el derecho de veto, regalando así un poder de bloqueo del todo desproporcionado. He aquí por qué hoy, sin haber modificado los tratados, es tan complejo gestionar el proceso de ampliación que está en la agenda. Justamente por eso se debería eliminar el derecho de veto, o cuanto menos transformarlo en un «veto colectivo» —un veto de tres, por ejemplo—, para controlar el chantaje que pueda ejercitar un solo Estado miembro.

Existe un interesante análisis del profesor Ramses A. Wessel, de la Universidad de Groningen, que ilustra de manera eficaz con qué frecuencia se ha empleado el veto como si se tratara de una extorsión. Si se utiliza tan a menudo no es por conseguir un interés nacional en una situación específica, sino como un *quid pro quo:* te doy vía libre sobre esto a cambio de conseguir ventaja sobre aquello. Y «aquello» tiene siempre, o casi siempre, la naturaleza de una contrapartida financiera. Por supuesto, el derecho de veto existía antes, pero nadie, ni siquiera Margaret Thatcher, había recurrido a él de manera tan descarada como se hace ahora. Ya hemos visto que la Europa que ha salido de la ampliación es otra. Y hoy sentimos el peso de la responsabilidad por no haber tenido el valor de adoptar decisiones de gobernanza necesarias en el momento justo.

Nunca es demasiado tarde, pero ahora es mucho más complicado. Para sortear este obstáculo, ya he dicho que el veto múltiple puede ser una buena solución. Se trata de mantener el principio —la facultad de oposición a la cual muchos parecen no querer renunciar—, pero depurándolo de su carácter chantajista. ¿Qué país podría encontrar actualmente otros dos Estados miembros dispuestos a seguirlo en la senda de un veto que se ejercita claramente por oscuros intereses de parte? Al mismo tiempo, mantener el principio podría tranquilizar a quienes no quieren, más o menos legítimamente, renunciar a la posibilidad teórica del veto, al último recurso para frenar una decisión que se percibe como lesiva para su propio interés vital.

Precisamente del derecho de veto debatimos en profundidad aquel día con los estudiantes de Natolin. El vínculo con la ampliación es evidente y no surgió por casualidad. En general, el veto es quizá uno de los asuntos que más dividen, no solo entre los mismos europeístas y los euroescépticos, como se podría pensar en un primer momento. Lo mismo ocurre entre los europeístas. Muchas veces me he encontrado discutiendo con quienes opinan que, a fin de cuentas, no se trata de un obstáculo tan decisivo porque, total, con los hechos en la mano, un veto rara vez se mantiene mucho tiempo y aún más rara vez —prácticamente nunca— hace naufragar decisiones que de verdad son capitales para la existencia de la Unión Europea.

La objeción también puede ser plausible, pero los problemas que todo esto genera son dos. Primero, se desperdician muchas energías para salir del punto muerto. Demasiadas, definitivamente. Energías que, por otra parte, sería más fructífero canalizar hacia otros objetivos. Segundo, el hecho de que en la caja de herramientas de la negociación europea esté el derecho de veto, es decir, el arma atómica, condiciona y mucho la conducta de los distintos actores del juego diplomático. Incluso solo la amenaza de recurrir a él distorsiona la negociación y socava desde la base el requisito previo esencial de cualquier negociación: la confianza entre las partes implicadas. Sin confianza y en un punto muerto en la toma de decisiones, la Unión no puede superar ningún desafío. Pensemos en la cuestión de la seguridad. También reflexioné con los estudiantes de Natolin sobre esto.

En la Europa posterior a la ampliación, además de los innegables factores de debilidad que hemos visto, no puede dejar de reconocerse una extraordinaria demostración de resiliencia tras la invasión rusa de Ucrania. Cuando pienso en las semanas precedentes a aquel dramático 24 de febrero de 2022, aún me sorprende el grado de miopía que muchos demostramos. Dábamos por descontado que nunca sucedería. Imposible. Acusábamos de paranoicos o de retorno al antisovietismo a aquellos que, gracias a la experiencia del pasado y de ocupar un lugar de observación más lúcido o más cercano a aquellas dinámicas geopolíticas, activaron una alarma que no escuchamos. Polacos, estonios y lituanos nos habían advertido de la agresividad de Putin y del imperialismo propio del siglo XX que anida en él. No les creímos. Tenían razón. Lo admití ante el ministro de Economía ucraniano, Serhiy Marchenko, con el que he tenido el privilegio de hablar en estos últimos años. Las consecuencias de aquella subestimación están, por desgracia, a la vista de todos, y solo existe una nota positiva: esta vez Europa, precisamente gracias a la ampliación, se ha despertado más resistente y es en gran parte consciente de la necesidad de equiparse para resistir el impacto del retorno de los grandes dramas de la historia.

4
En la frontera con Rusia, entre Helsinki y las capitales bálticas

Después de la guerra de Putin contra Ucrania, ya nada podrá ser como antes. Para Europa es hora de poner finalmente en común la defensa y la seguridad.

Nunca había imaginado que tendría que ocuparme tanto de los asuntos de defensa al preparar un informe sobre el futuro del mercado único. Si existen dos ámbitos distintos y estructuralmente diferentes en la vida europea son el mercado único y la defensa. El primero es la quintaesencia de todo lo comunitario; la segunda es el reino de lo intergubernamental. Quien como yo se ha formado en los estudios europeos durante los años ochenta y noventa, justamente en torno a la época de la creación del mercado único y de la puesta a punto del Tratado de Maastricht, considera que estas dos esferas, la comunitaria y la intergubernamental, por sistema son realidades profundamente diferentes, universos del todo alejados el uno del otro.

Por lo demás, la separación estaba codificada en la misma arquitectura del Tratado de Maastricht: por una parte, el mercado único, construido con un mecanismo supranacional, por el absoluto protagonismo de la Comisión y del voto por mayoría; por el otro, los dos pilares —el intergubernamental, el de la Política Exterior y de Seguridad Común y el de la Cooperación en el Ámbito de los Asuntos Interiores y la Justicia— con el papel principal desempeñado por los Estados miembros y la votación por unanimidad como norma. Es difícil, si no imposible, plantear hipótesis sobre puntos de contacto entre las dos esferas. Posteriormente, en 2007, llegó el Tratado de Lisboa, que superó formalmente la división entre comunitario e intergubernamental. Un propósito ciertamente apropiado y más que aceptable, pero siempre he tenido dudas de si aquella predicción sobre el papel era capaz de alejarse de los dictados legales y convertirse en una realidad concreta en términos de conductas, reglas y objetivos entre dos mundos que durante mucho tiempo habían permanecido cerrados en varios compartimentos estancos.

Luego, el panorama ha empezado a cambiar y, treinta años después de Maastricht, cuando me dispongo a escribir el informe, me doy cuenta de que asisto a la superación —quizá definitiva— de aquella dicotomía. Lo he intuido desde el principio de este viaje: ya en las primeras visitas a las capitales de los Estados miembros, especialmente en Helsinki y Estocolmo, la defensa ha monopolizado muchas de las conversaciones que he mantenido sobre el futuro del mercado único. Para mí ha supuesto también un gran salto hacia atrás en el tiempo, a los recuerdos de cuando, muy joven, tuve la fortuna de trabajar con Nino Andreatta, que nunca ha dejado de resaltar la importancia de estas cuestiones. En primer lugar, trabajé en el AREL, la Agencia de Investigación y Legislación fundada por él en los años setenta. Luego trabajé con él codo con codo en los años noventa, cuando fue ministro de Exteriores en el Gobierno Ciampi y de Defensa en el primer Gobierno Prodi. Al asumir ambas tareas, Andreatta destacó por su voluntad de dotar al pilar de Maastricht, que es la política exterior y la seguridad común, de contenidos innovadores e implementarlo.

Eran los años de la explosión de los Balcanes y de las dramáticas vicisitudes de la guerra en la ex Yugoslavia, un infierno que sometió a una durísima prueba, precisamente en sus inicios, aquel segundo pilar de Maastricht del que de inmediato se habló mucho gracias al protagonismo a nivel europeo del primer «ministro de Exteriores y de Seguridad Común europeo», Javier Solana, alto representante del Consejo y a la vez vicepresidente del Ejecutivo de Bruselas durante la Comisión Prodi. La catástrofe en la ex Yugoslavia y la impotencia de las instituciones europeas, subrayada tantas veces por las apelaciones de Carl Bildt, uno de los principales negociadores de la época, en efecto sirvieron de estímulo para impulsar el Tratado de Ámsterdam (1997), que creó la figura híbrida del alto representante.

En esta especie de «fusión personal» se intentó ya entonces salir de la dualidad comunitario/intergubernamental en términos de proyección exterior de Europa, creando así una especie de animal fantástico, mitad representante de los Estados miembros (y, por tanto, de su búsqueda permanente de la unanimidad, esquivando vetos y oposiciones), mitad representante de la Comisión (y, por tanto, del mecanismo supranacional). Fue ciertamente un paso hacia delante.

Sin embargo, a pesar de estos avances y de la eficacia de una suerte de hoja de ruta gestionada después por Federica Mogherini, cuando asumió el papel de alto representante en 2014, solo en los últimos años se ha demostrado realmente productivo. Como suele ocurrir en el proceso de integración europea, son los acontecimientos externos los que han provocado los más importantes impulsos políticos e institucionales. Interpretando con clarividencia las transformaciones del escenario global coetáneas a su elección, Ursula von der Leyen y Josep Borrell, de inmediato, apenas asumida la dirección de la Comisión y de la Política Exterior y de Seguridad, respectivamente, en 2019, empezaron a hablar de «Comisión geopolítica». Y solo esto, al menos desde un punto de vista narrativo, ha introducido un factor innovador importante. Sin mencionar otros indicios aparentemente menores, como el hecho —no solo simbólico— de que para dirigir la Comisión haya sido designada Von der Leyen, es decir, la exministra de Defensa de un gran país como Alemania. Por tanto, se trataba de un comienzo de legislatura que prometía elementos de innovación política interesantes. Innovación posteriormente demostrada por la nueva doctrina de la Comisión geopolítica elaborada por el mismo Borrell en la primera parte del quinquenio, con un fuerte impulso de cambio inducido por la dura experiencia de confrontación entre las dos orillas del Atlántico, tras el inicio de la primera Administración Trump.

Por su parte, también el Parlamento Europeo, en los mismos años, se reservaba un papel de acicate eficaz en dirección a un inédito protagonismo de la Europa de los derechos en el ámbito de un orden mundial cada vez más turbulento y fragmentado. La extraordinaria experiencia humana, política e intelectual encarnada por la presidencia de David Sassoli, fallecido en 2022, nos ha dejado en herencia muchas tomas de posición valientes, acompañadas por una elaboración de valores extremadamente madura y visionaria.

Pienso en las apelaciones para que Europa se dotase de un nuevo proyecto de «esperanza» capaz de «innovar, proteger e iluminar» el recorrido hacia una Unión que fuera definitivamente «modelo de democracia, libertad y prosperidad que se difunde, que atrae, que hace soñar no solo a nuestros mismos conciudadanos europeos, sino también más allá de nuestras fronteras».

Y pienso, con añoranza y orgullo a la vez, en su lucidísima lectura de la amenaza representada por Rusia y en su decisión de conceder, en su última intervención pública antes de la enfermedad que lo ha privado de la vida, el premio Sajarov a Aleksei Navalny por su lucha contra un régimen, el de Putin, «culpable de reprimir a las organizaciones de la sociedad civil, de limitar las libertades, de condenar a prisión a los opositores políticos».

David Sassoli, a diferencia de casi todos los demás, supo presagiar el peligro e intuir la rapidez con la que su puesta en marcha iba a cambiarlo todo. Porque la invasión de Ucrania ha supuesto una interrupción profundísima en la historia europea, obviamente también desde el punto de vista de la defensa. En efecto, los acontecimientos que siguieron a aquel dramático 24 de febrero de 2022 han causado una aceleración sin precedentes en el fortalecimiento del enfoque comunitario de las políticas de defensa. Muchas de las innovaciones ya estaban en fase de incubación, pero probablemente habrían necesitado de mucho más tiempo, quizá de varias legislaturas, sin la descabellada agresión de Putin y sobre todo sin la extraordinaria resistencia del pueblo ucraniano. El 1 de abril de 2022, la visita a una Kiev bajo las bombas por parte de la presidenta del Parlamento Europeo, Roberta Metsola, primera representante de las instituciones europeas que se desplazó a Ucrania desde el estallido de la guerra, envió una señal simbólica muy potente. Aquellas palabras tan poderosas de David me vuelven a la mente con fuerza en mi primera visita a Riga, Tallin y Vilna después de la agresión rusa a Ucrania.

Durante el viaje he decidido dedicar tiempo y atención a los países bálticos, porque quiero entender bien qué se puede sentir habiendo formado parte de la Unión Soviética, crecer estudiando y hablando ruso y encontrándose hoy con la amenaza constante de la Rusia de Putin en la frontera. ¿Qué significa Europa para los países bálticos, ser europeos, tener el euro, el Erasmus y el cielo patrullado por los aviones italianos o franceses? Todo esto tiene un significado muy distinto del que tiene para nosotros.

En la Plaza de la Libertad de Vilna me muestra, como si fuera la cosa más natural y apropiada, una estatua dedicada a la OTAN. Inmaculada e intacta. Luego descubro que es una escultura llamada *Los tres soldados,* inaugurada en 2004 para conmemorar la adhesión de Lituania a la OTAN. Pienso qué sucedería en nuestro país o en otros países de la vieja Europa si esa misma estatua estuviera en una de nuestras plazas principales.

También en Vilna veo el viejo edificio del KGB, condenado a ser desmantelado y sustituido. La determinación de defender a toda costa la libertad alcanzada en 1991, que constato en todos los encuentros que mantengo, supera cualquier otro tema de discusión. Es verdad que en Tallin converso largamente sobre cómo mejorar y digitalizar la administración pública europea, y en Riga debatimos sobre la competitividad de las pymes. En las tres capitales, ciudades llenas de fascinación, de historia y cargadas de interés, se me presentan muchas cuestiones relevantes del mercado interior. Pero me doy cuenta de que aquí también prevalece, sobre todo, como en ninguno de los otros países de los veintisiete, la cuestión de la seguridad y la amenaza rusa. Escuchando la historia de todos aquellos que conozco, descubro sus vidas «divididas en dos», me encuentro con un pasado reciente que nosotros —de este lado del telón de acero— quizá hemos olvidado demasiado deprisa: su infancia y en algunos casos también la juventud han transcurrido en otro mundo que hablaba ruso. Después, sus países ingresaron en la Unión Europea, con sus valores de libertad y sus oportunidades.

Comprendo que la frase «morir por la libertad del propio país» allí se expresa de manera distinta que en el resto de Europa.

Y al fin aprendo a dejar de considerarlos como si fueran uno. Lo sabía, pero lo comprendo aún mejor y me impongo no volver a equivocarme. Cada uno de estos tres países tiene su historia y su tradición. Cada uno merece una atención particular. Y la interacción no debe ser colectiva, sino individual, a pesar de que las dimensiones de estos tres Estados sean reducidas y su población constituya un pequeño porcentaje de la europea. La verdadera fuerza de la Unión está precisamente en el respeto a las diversidades y en convertir en riqueza esta misma diversidad. Y la historia y las características de Estonia, Letonia y Lituania están ahí para demostrarnos que es así de verdad.

La relación de Estonia con otros países de Escandinavia no es comparable con la de los otros dos. Y lo mismo debe decirse de la relación especial que une a Polonia y a Lituania. Así como sería un error olvidar la presencia de una importante minoría rusófona en Letonia. Son muchos los elementos que hacen a cada uno de los Estados bálticos fascinantes, por aquello que son y no por el hecho de haber compartido un destino tan particular en el siglo XX, hasta aquella mañana del 1 de mayo de 2004 en la que, después de un recorrido tan dramáticamente largo y tortuoso, se convirtieron, juntos, en parte de la UE a todos los efectos.

Recuerdo, no sé por qué en blanco y negro, las imágenes de mi primera visita a Vilna. Bajo la nieve, un largo viaje en litera en el nocturno Moscú-Vilna, año 1988. El Komsomol, la juventud comunista soviética, había invitado a una delegación de muchachos demócrata cristianos europeos, de la cual acepté formar parte con gran entusiasmo. La idea de estar en el lugar y vivir en primera persona lo que estaba sucediendo en la URSS era demasiado estimulante para dejarla escapar. Pospuse mi examen de derecho internacional para otra convocatoria. Si no lo hacía en semejante ocasión, ¿cuándo sería momento de hacerlo? La semana que pasé entre Moscú y Vilna, pocos meses antes de la caída del Muro y del fin de la URSS, fue, en efecto, una experiencia formidable de la que, a tantos años de distancia, no he olvidado nada.

Pude observar desde dentro la transformación del sistema soviético bajo el impulso de las reformas de la *perestroika* de Gorbachov. «Nada se mantiene, todo se cae», era la clarísima percepción. Recuerdo en Moscú la sonrisa burlona de Demetrio Volcic, mítico corresponsal de la RAI (la televisión pública italiana), que para hacernos entender cómo iban de verdad las cosas nos hizo salir por la puerta de atrás de su despacho. No quería que nuestros acompañantes nos siguieran e intentaran disuadirnos de hacerlo. Nos condujo a un inmenso y caótico mercado al aire libre donde miles de personas se intercambiaban vaqueros, dólares y casetes. Occidente penetraba así, más allá del telón de acero, entre los puestos improvisados sobre viejos tablones de madera en una pequeña explanada moscovita.

Cuando regresamos a Vilna mantuvimos el encuentro más emocionante, con el cardenal Vincentas Sladkevičius, figura legendaria de una Lituania que había sufrido y aún sufría los rigores del régimen soviético. Había pasado veinticinco años en arresto domiciliario y solo con la llegada de Juan Pablo II encontró apoyo en su nombramiento, precisamente en aquel año 1988, como cardenal. Aún tengo bien impresas en la mente su voz débil, sus palabras, su esperanza en lo que habría podido suceder. La esperanza de la libertad y de la independencia. Me acuerdo de sus ojos brillantes y su voz temblorosa mientras miro la catedral de Vilna con el sol que calienta esta jornada de primavera de mi viaje para el informe. La catedral está abierta y llena de gente. Lituania es libre e independiente. Lituania es europea.

Es verdad que no toda la UE limita con Rusia y que son diversas las aproximaciones geopolíticas a las cuestiones más delicadas que coexisten en las reuniones europeas. Una complejidad que hay que tener siempre en cuenta: cuando hablamos de las divisiones de Europa y de la dificultad para encontrar rápidamente posiciones unitarias, no se trata más que del reflejo de diferentes puntos de vista e interés. Pero, con las tensiones geopolíticas que crecen en torno a nosotros, la búsqueda de la convergencia sobre posiciones políticas en las que todos los países y los ciudadanos europeos puedan reconocerse debe ocupar un lugar privilegiado y anhelado. Es lo que intento decir a mis interlocutores en el viaje, en todos los contextos en los que se debe hablar sobre todo de seguridad, de Tallin a Atenas. Mejor una posición europea unitaria que no coincida al cien por cien con la posición de partida de la política exterior de mi país que veintisiete posiciones distintas, cada una perfectamente coherente con las veintisiete diversas historias previas, pero completamente irrelevantes en el contexto mundial.

Pero volviendo a las consecuencias de aquel fatídico 24 de febrero, por una vez, los hechos llegaron antes que los símbolos. Después de cinco horas de reunión del Consejo Europeo, el domingo 28 de febrero de 2022, a poquísimos días de la invasión, los líderes de la UE dieron significativos pasos hacia delante en relación a la Unión de la Defensa. Los jefes de Estado y de Gobierno deciden responder de inmediato a Putin, movilizando el «Instrumento europeo para la paz» y utilizándolo para financiar el suministro de material y equipamiento al Ejército ucraniano. Es la primera vez en la historia que la UE suministra pertrechos bélicos a un tercer país. Un primer tramo de 500 millones de euros para defender la soberanía y la integridad territorial de Ucrania y proteger a la población civil, al que siguieron con los años importes suplementarios en apoyo de las fuerzas armadas de Kiev, por un importe total que hoy supera los 10.000 millones.

Lo que ha pasado posteriormente confirma este giro. Pienso en la adopción, el 21 de marzo siguiente, de la nueva «brújula estratégica» europea, que proporciona un plan de acción para reforzar la política exterior y de defensa de la UE para 2030; pienso en el acuerdo político sobre la promoción de las licitaciones comunes y la necesidad de trabajar para reforzar la base tecnológica e industrial del sector. El Reglamento EDIRPA (Refuerzo de la Industria Europea de Defensa a través de la Contratación Conjunta) tiene como objetivo fortalecer la cooperación entre los Estados miembros en la adquisición conjunta de material y equipamiento militar, reduciendo la fragmentación del mercado de defensa europeo y mejorando la eficiencia del gasto en este ámbito. Pienso en los pasos que se han dado, en el mismo bienio, en materia de contribución sobre la denominada «dimensión civil» de la Política de Seguridad y de Defensa Común (PSDC) a la paz y a la estabilidad internacional. A estos se añade la primera Estrategia Industrial de Defensa Europea (EDIS), presentada en marzo de 2024, un paso adelante significativo que plantea el objetivo de organizar y estructurar mejor las innovaciones de los últimos años dirigidas al desarrollo de una auténtica industria europea de defensa.

Pero también pienso en el gran asunto de la financiación de la defensa, que igualmente está hoy en el centro del debate tras las declaraciones del presidente estadounidense Donald Trump sobre el gasto militar europeo. Nunca lo habría imaginado, pero fue uno de los principales asuntos tratados durante mi reunión con la entonces recién nombrada presidenta del Banco Europeo de Inversiones (BEI), Nadia Calviño. La magnitud de las inversiones requeridas exige instrumentos innovadores, y la decisión del BEI de ampliar la definición de proyectos de doble uso y apoyar a las pymes del sector de la seguridad y la defensa, así como a las empresas emergentes innovadoras, da fe de un cambio de ritmo fundamental.

Finalmente, pocos meses después de la entrega del informe, ha llegado la decisión de Ursula von der Leyen de instituir en su segundo mandato el primer comisario europeo de Defensa y Espacio, encargado, entre otras cosas, de construir un verdadero mercado único de defensa. Y no por casualidad la persona encargada llega de los países bálticos, ya que se trata del ex primer ministro lituano Andrius Kubilius.

Es preciso estructurar todas estas decisiones y definir un cuadro institucional que pueda proporcionar a la Unión Europea aquella capacidad de defensa única que nunca ha tenido. Esta condición es fundamental para dotar a la UE de los instrumentos necesarios para garantizar la paz y el respeto de nuestros valores fundamentales. Por eso la consecución del mercado único de la industria de la defensa es un objetivo estratégico vital. Sobre este objetivo ya he tenido ocasión de encontrar posturas de adhesión tanto en la reunión que mantuve con Giorgia Meloni como en la que participé con Emmanuel Macron.

Ahora el desafío es concretar estos deseos. Con las decisiones tomadas en la pasada legislatura por el comisario para el mercado interior y servicios, Thierry Breton, se han puesto las bases para construir una Europa en condiciones de ser autosuficiente desde el punto de vista de la seguridad. Naturalmente, sin que esto lleve a una fractura o a un debilitamiento del vínculo con Estados Unidos, que continúa siendo el aliado insustituible en la OTAN, pero con la conciencia de que la autonomía de Europa, en un mundo en guerra, es una necesidad que ya se ha vuelto sencillamente vital para nuestra supervivencia.

5
EN BILBAO, IDEAS PARA SIMPLIFICAR LA VIDA A LAS PEQUEÑAS Y MEDIANAS EMPRESAS (PYME)

Desenvolverse entre veintisiete ordenamientos jurídicos diversos es un recorrido lleno de obstáculos para nuestras pymes. Para simplificar e innovar se necesita un 28.° ordenamiento totalmente europeo.

El dato me impresiona. Hablamos de ello en Bilbao, durante la Semana Europea de las pymes, con las asociaciones que representan a millones de empresas de tamaño más o menos reducido. Solo el 17% de las pequeñas y medianas empresas europeas del sector manufacturero exporta u opera en otros países de la UE. Y puesto que las pymes son la estructura básica del sistema económico europeo es difícil eludirlo en el contexto general de las dificultades que experimenta nuestra economía en la actualidad. He tenido ocasión de profundizar sobre este asunto con los representantes de la CEPYME, la Confederación Española de la Pequeña y Mediana Empresa.

La primera reflexión va dirigida a la complejidad del marco normativo y fiscal europeo. No es culpa de Europa, lo digo en seguida. Me lo confirman todas las asociaciones profesionales con las que me reúno, desde la SME United (patronal de las pymes) en Europa hasta las diversas organizaciones nacionales en España, Italia y muchos otros países. La primera responsabilidad es de los Estados miembros, que no han querido renunciar al propio ordenamiento normativo y fiscal nacional. También por eso hoy el mercado único es un engorroso rompecabezas compuesto por veintisiete piezas diversas. Así, para una pyme, trabajar en Europa quiere decir prepararse para hacer encajar las piezas de este rompecabezas y cambiar continuamente el sistema normativo y fiscal. Cuanto más pequeña es la dimensión de la empresa, más aumentan las dificultades. Sobre estas cuestiones he tenido la oportunidad de reflexionar en profundidad junto al lehendakari del País Vasco, Imanol Pradales, analizando los retos que esta fragmentación plantea.

Evidentemente, una gran empresa o una multinacional puede desenvolverse entre las diversas normativas nacionales con la ayuda de imponentes despachos legales internos o con expertos fiscales competentes. Pero para las pequeñas y medianas empresas, en cambio, el rompecabezas se convierte en un laberinto. Un laberinto en el que, al final, la gran mayoría de ellas prefiere no entrar, con la consecuencia de perder el enorme beneficio potencial del mercado único. Y no se trata solo de no aprovechar una ventaja. Se trata también, y, sobre todo, de tener que hacer frente en el territorio propio a una desventaja: la multiplicación de la competencia que llega del exterior.

Para resolver este quebradero de cabeza tampoco es verosímil imaginar la cancelación de los diversos sistemas nacionales de derecho de las empresas o imponer a los Estados miembros el paso a un sistema de tributación europeo eliminando los domésticos. Después de todo, hablamos de siglos de estratificaciones normativas, de largas y consolidadas tradiciones nacionales o incluso regionales.

Desde el punto de vista del mercado único, no hay duda de que la creación de sistemas unificados representaría un enorme paso hacia delante porque imprimiría un impulso competitivo importante. Sobre todo para las pymes, con la apertura de espacios inéditos que aprovecharían realmente la fuerza del mercado interior. Sin el freno de la burocracia estratificada, serían innegables los efectos en términos de eficiencia y la capacidad de beneficiarse plenamente de las economías de escala.

Concentrándonos, en cambio, en lo inmediato, ¿qué se puede hacer para encontrar una solución sostenible? Una respuesta creativa y en mi opinión válida puede hallarse en el recurso al denominado «28.° ordenamiento». La idea es construir un nuevo régimen jurídico realmente europeo, que no sustituya a los veintisiete nacionales, sino que sea una opción más. Así, las empresas podrán elegir si quieren mantener el régimen nacional o adoptar este 28.° ordenamiento válido en toda la Unión Europea. Un planteamiento similar ha sido expuesto en España por el actual ministro de Economía, Carlos Cuerpo, en relación al mercado nacional, pero podría encontrar una aplicación aún más ambiciosa a escala europea.

La construcción de este 28.° ordenamiento pasa entonces por la redacción de un código de negocios europeo. Es una solución que responde a la solicitud más difundida y apremiante: la simplificación. Si, en efecto, el sistema europeo se está convirtiendo, según una percepción generalizada, en un gigante lastrado por complicaciones burocráticas y por una carga de producción jurídica decididamente excesiva, es ineludible trabajar en la búsqueda de soluciones que introduzcan elementos de simplificación, accesibilidad y ahorro de tiempo. La digitalización viene, obviamente, al encuentro de muchas de estas exigencias, pero, repito, en parte el problema está precisamente ligado a la multiplicación de los niveles de regulación y de gestiones administrativas.

No por casualidad todas las encuestas de opinión de los ciudadanos y de las empresas europeas apuntan a la complejidad burocrática como el mayor obstáculo del mercado único. Afrontar con determinación estos problemas es, objetivamente, un interés primordial de la Unión. También porque hoy es más fácil que ayer cambiar el sistema y poder operar en otros países. El negocio y los capitales, concretamente, son rapidísimos en detectar las ventajas y desplazarse selectivamente hacia aquellas realidades del mundo que, aprovechándose de las limitaciones europeas, se presentan como alternativas más atractivas y convenientes.

Si la Unión no está en condiciones de avanzar y simplificar sus gestiones, corre, pues, un riesgo mortal: seguir perdiendo atractivo, aceptar la hemorragia de empresas europeas preparadas para deslocalizarse, cerrar las puertas a muchos que podrían venir a invertir en Europa, pero evitan hacerlo por los problemas ya citados. Precisamente de esto hablo en un agradable encuentro con Valerio de Molli y los expertos de The European House Ambrosetti en Bruselas.

Para construir un 28.° ordenamiento jurídico es preciso que este se convierta en un objetivo primordial del mandato de la Comisión, así como que se elabore rápidamente una propuesta con el concurso de los mejores juristas y a partir de un diálogo maduro con todos los agentes sociales. No es necesario partir de cero, porque numerosas organizaciones, empezando por la Association Henri Capitant, en Francia, trabajan desde hace años sobre esta propuesta y han presentado documentos ya avanzados y muy estructurados. Quienes están sobre el terreno y conocen el problema no pueden dejar de estar implicados activamente en la elaboración de la solución.

La propuesta debería ser adoptada lo más rápidamente posible y convertirse en la solución jurídica que se ofrezca a las empresas, grandes y pequeñas. En resumen, debería tratarse de una propuesta orientada, relativamente fácil de poder ser aceptada desde el punto de vista político por los Estados miembros, capaz de aprovechar todas las extraordinarias oportunidades que el mercado interior ofrece a la economía real europea, en vez de seguir despilfarrando sus posibilidades.

6
Entre Vicenza y Málaga, sobre el destino del sector manufacturero

El riesgo de desindustrialización es real, pero evitable. Pongamos en marcha una política industrial común para no perder la excelencia europea en la industria manufacturera.

La provincia de Vicenza tendrá un 20% de ocupados menos en los próximos quince años. Casi 80.000 personas. Una especie de colapso anunciado. Estoy en el despacho de Giacomo Possamai, el joven y talentoso alcalde de la ciudad, elegido en 2023, junto con los representantes de sindicatos y empresas del territorio. Durante un buen rato debatimos sobre las perspectivas económicas de una región convertida en símbolo de la industria italiana. El panorama es preocupante desde muchos puntos de vista, pero el más llamativo es la escasez de mano de obra.

En efecto, no se trata, como en otros sectores, de tendencias esporádicas, que aparecen durante un tiempo determinado para luego debilitarse por quién sabe qué cambios externos. En este caso, como siempre que está de por medio la demografía, nos encontramos frente a datos ciertos, previsiones incuestionables que, para ser modificadas, necesitan de decisiones basadas en una visión histórica, que sean previsoras y, sobre todo, creadas para mantenerse.

Decisiones difíciles, sobre todo en tiempos en los que la política opera preferentemente con el ojo atento solo en el próximo sondeo, ni siquiera en las próximas elecciones. Y difíciles también porque la dimensión europea, que siempre ha conseguido hacer de contrapeso al cortoplacismo de nuestra política nacional, también parece adaptarse a una involución política de la que cuesta prever las repercusiones futuras. Demasiados anuncios, exceso de comunicación, superposición de planos, competición entre instituciones. La colaboración entre los niveles nacional y europeo es insuficiente, y aunque los mensajes desde Bruselas se presentan polarizados y buscan un consenso inmediato, existe un verdadero riesgo de perjudicar nuestras perspectivas comunes a largo plazo.

La necesidad de un relanzamiento de la vocación industrial europea describe perfectamente lo estratégico que es concentrarse también sobre estas dinámicas. En primer lugar, porque se trata de un ámbito en el que la cooperación entre Europa y los Estados miembros es sencillamente indispensable. Y en los últimos años han existido señales alentadoras, a pesar de todo.

Soy testigo directo de ello. En efecto, una de las principales evidencias positivas de este viaje por Europa ha sido la percepción de cómo el relanzamiento de la vocación industrial europea se considera una necesidad compartida y deseada por doquier y a todos los niveles. Mérito, sin duda, de un comisario como Thierry Breton, que ha presionado con ahínco en esa dirección, y mérito de un trabajo conjunto que otros comisarios, junto a él, han llevado adelante en la pasada legislatura europea; pienso especialmente en Paolo Gentiloni y Nicolas Schmit.

En el curso del viaje, es en Amberes, cerca de la frontera entre Bélgica y Holanda, no lejos de Rotterdam y en el interior de una vasta zona industrial y portuaria, donde percibo con grandísima fuerza el sentimiento de urgencia de un cambio de ritmo; es más, de verdaderos sueños de inflexión. Toman la palabra los jefes de muchas grandes empresas europeas, se enfrentan a los sindicatos y a los representantes de las pymes. Junto con la presidenta de la Comisión, Von der Leyen, y el entonces primer ministro belga, Alexandre De Croo, presidente de turno del Consejo de la Unión Europea, escuchamos una larga lista de críticas. Que hay una emergencia, que el sistema industrial europeo está en medio de un cenagal del que es urgente salir está claro para todos.

Es la misma sensación que experimento en Málaga, con ocasión de las dos jornadas de los EU Industry Days organizadas por la Comisión Europea, un gran evento que reúne a líderes de la industria, políticos, representantes de las pymes, investigadores y miembros de la sociedad civil, con el fin de elaborar estrategias innovadoras y compartidas para afrontar los múltiples desafíos a los que Europa está llamada a enfrentarse.

En todos los debates ha surgido claramente la necesidad de una acción concertada y oportuna para resolver cuestiones improrrogables, desde la elaboración de nuevas estrategias industriales que puedan integrar los objetivos de la doble transición verde y digital hasta la adopción a nivel global de reglas compartidas capaces de asegurar una competencia leal y condiciones equitativas para todos los actores en juego. La exigencia de soluciones prácticas se hace cada vez más apremiante.

La pérdida de competitividad avanza desde hace tiempo sin solución de continuidad y pocos, demasiados pocos, son los indicios de que se produzca una reversión. El mundo del trabajo está en ebullición. A las preocupaciones por la desindustrialización se unen las ligadas a la precarización de los vínculos contractuales y a la competencia desleal que viene de fuera, cada vez más inminente y difícil de gestionar y regular. El problema de la escasez de mano de obra está erosionando nuestro paradigma productivo. Es como si, todos juntos, estuvieran saliendo a la luz los obstáculos de décadas de indecisión sobre tres fenómenos de nuestro tiempo: el descenso de los nacimientos, el envejecimiento de la población y la falta de una estrategia común sobre la inmigración que pueda atraer también a trabajadores cualificados. Tres líneas divisorias que cada vez más determinan la economía europea. Tanto en Vicenza como en Málaga el riesgo, real o intuido, es el mismo.

Por esta razón he querido poner el énfasis del informe en la urgencia de la reindustrialización. Una forma de decir: alerta roja, es preciso actuar de inmediato —ya desde los próximos meses— para invertir una tendencia que corre el riesgo de lastrar para siempre el futuro de nuestro continente. Sobre todo, he querido ofrecer las dinámicas de diferentes ámbitos que contribuyen a hacer que el problema sea extremadamente preocupante.

Cuando me refiero a diferentes ámbitos, pienso en el impacto que tiene el debilitamiento de los mercados financieros europeos sobre la escasa competitividad de nuestro sistema industrial, de los que hablo ampliamente en el capítulo dedicado a ellos. Pienso en la cuestión tecnológica y digital, en el retraso que llevamos respecto a tantos fenómenos clave para el futuro, empezando por la inteligencia artificial. Pienso en la competencia desleal proveniente del exterior, a menudo incentivada por regímenes autoritarios que ofrecen condiciones imbatibles a las empresas. Pienso, finalmente y sobre todo, en la falta de cohesión y en las desigualdades crecientes —geográficas, sociales y generacionales— que todo esto genera y que, en ausencia de una estrategia audaz, erosiona el bienestar de nuestras comunidades, poniendo en riesgo, golpe a golpe, la calidad de la democracia europea.

7
Cómo nos ven desde Washington o Johannesburgo

«Para entender Europa hay que partir del mundo». Delors tenía razón. Si queremos mantenernos en primera fila, debemos ser actores globales y, para hacerlo, tenemos que estar juntos.

«Para entender Europa hay que partir del mundo». Delors tenía razón. Me doy cuenta perfectamente cuando hablo sobre la Unión Europea y el mercado único con los estudiantes de la Universidad de Georgetown, en Washington DC, o con los círculos de empresarios en Johannesburgo. Personas de cualquier rincón el mundo, muchos de ellos europeos.

Me impresiona el razonamiento sencillo y sin rodeos que me hace un joven indio refiriéndose a las relaciones comerciales entre su país y la Unión Europea. Suena más o menos así: desde que habéis creado el mercado único os sentáis a la mesa de negociaciones comerciales con nosotros y esencialmente nos decís: «Lo tomas o lo dejas».

¿Cuánto tiempo hará falta para que os deis cuenta de que la situación ya se ha invertido y que quizá dentro de poco seamos nosotros los que os digamos que, si queréis mantener buenas relaciones, debéis respetar un poco más nuestras exigencias y condiciones? La cuestión es esta y temo que está planteada de forma impecable. Así, cuando constato cuántos frenos están poniendo los diversos Estados miembros de la UE a la apertura de nuevas negociaciones y, sobre todo, al cierre de acuerdos con áreas importantes del mundo, a partir de Mercosur y de Australia, pienso que el problema se está volviendo serio.

Hay una tendencia generalizada al aislamiento, casi un reflejo instintivo. Pascal Lamy, que hoy coordina entre otras cosas la red de investigadores del Instituto Jacques Delors entre París, Berlín y Bruselas, me ha sugerido una interpretación muy aguda. En nuestros días, los riesgos de aislamiento no proceden únicamente del proteccionismo clásico, sino también de formas más disimuladas, de invitaciones a la prudencia que esconden en realidad una visión muy distinta de las relaciones internacionales. Es el resultado del cortocircuito entre corto y largo plazo. Es el fruto de una evidente incapacidad o falta de voluntad de valorar los cambios en curso a nivel mundial. Sin embargo, son numerosas las señales y las tendencias que nos ponen frente a la evidencia del empequeñecimiento del tamaño europeo y de una marginalización de nuestros países tratados uno a uno. Son temas que he tenido la oportunidad de abordar en profundidad con el ministro José Manuel Albares durante los numerosos encuentros que hemos organizado a lo largo de los meses que he dedicado a la preparación del informe.

Por eso ya no podemos demorarnos: la urgencia es integrarnos en una entidad europea cada vez más unificada. Es como si el tiempo aumentara, año tras año, la inclinación de nuestra decadencia. A intervalos más o menos regulares, descendemos un peldaño. Ya sea la separación del Reino Unido con la desgraciada decisión del Brexit, o que la previsión del incremento de habitantes de Nigeria sobrepasará la población de toda la Unión Europea en pocos años, ya sea el advenimiento de la India o la ampliación de los BRICS, todo nos dice lo mismo. Todo empuja a ponernos frente a la evidencia de que también los grandes países europeos, aquellos que se habían dividido el mundo hace solo sesenta años, o se encaminan hacia una Unión más compacta y se consigue, por tanto, estar al nivel de las otras grandes potencias continentales, o bien aceptamos la marginalización, la segunda división.

Si queremos permanecer en primera fila, debemos ser actores globales. Para hacerlo, tenemos que estar juntos, porque individualmente no somos capaces de resistir la competencia mundial; es de lógica elemental. Y nuevamente se plantea la cuestión de la unidad del mercado único. Michel Barnier, negociador en jefe de la UE para el Brexit y previamente miembro de la Comisión Europea encabezada por Romano Prodi (1999-2004) y de la de Barroso (2004-2014), lo expresó con una frase lapidaria. Puede parecer una provocación, pero es profundamente cierto decir que Xi Xinping, Modi y Trump se sientan a la mesa con los jefes de las instituciones europeas, con la presidenta de la Comisión, Von der Leyen, o con el presidente del Consejo, António Costa, porque existe el mercado único, porque hay una extraordinaria y compacta unión económica, comercial y social detrás de ellos y de sus predecesores: Santer, Prodi, Barroso, Juncker, Van Rompuy, Tusk o Michel. Y esa Unión es tan fuerte e influyente que Anu Bradford, profesora de la Universidad de Columbia, ha llegado a escribir en un libro de gran éxito que es capaz de imponer el concepto de «efecto Bruselas» a nivel global.

Con este concepto se define la capacidad de influencia que la Unión Europea juega aún en el escenario mundial, a pesar de las crisis históricas que han puesto en cuestión su liderazgo en los últimos veinte años. Por tanto, existe la capacidad de jugar un papel autorizado y de «arrastre» en los ámbitos más importantes, de la sostenibilidad ambiental a la reglamentación de la privacidad, de la tutela de los consumidores a la mejora de las normas en el comercio global, empezando por los derechos de los trabajadores.

Se trata de una primacía difícilmente opinable que puede y debe impulsar, incluso en términos de motivación, la resolución de otros problemas estructurales que han estado pendientes durante demasiado tiempo. Fuera de Europa nos respetan por decisiones asumidas valientemente hace treinta años y porque hemos conseguido duplicar, con las ampliaciones sucesivas, la dimensión europea. La próxima ampliación también se debe hacer por este motivo, para extender la influencia de Europa y de sus valores y compensar el colapso demográfico y el descenso relativo de su peso del que hemos hablado.

La verdad es que la búsqueda de una dinámica de cambio a menudo choca con obstáculos que poco o muy poco tienen que ver con el interés común o incluso solo con una lógica sencilla, de sentido común. En los nueve meses de mi viaje por Europa, pasando de Helsinki a Bilbao, de Bratislava a Zagreb, siempre me ha acompañado una pregunta inquietante. He escuchado mil posiciones, muchas de ellas nacionales o directamente nacionalistas. He observado cien veces cómo existen confrontaciones con un país vecino, señalando la paja en su ojo sin ver la viga en el propio. He participado en debates en los que he tenido que defender la dimensión europea contra descarados intentos de convertirla en chivo expiatorio de cualquier carencia nacional o local. Y a pesar de todo esto, he comprobado, por doquier, los enormes y evidentes efectos benéficos de la Unión entre nosotros, los europeos.

Sin embargo, no consigo quitarme de la cabeza la pregunta que me ha acompañado en cada etapa, en cada encuentro: «Pero ¿si hoy tuviéramos que partir de cero conseguiríamos encontrar motivos y llegar a entendimientos para unirnos en el mercado único como, en efecto, gracias a las decisiones de hace treinta años conseguimos hacer?». Esta cuestión me la han planteado explícitamente y de forma muy parecida dos veces, en momentos muy distintos: la primera vez en Praga, en un encuentro en la Charles University; la segunda, en un gran evento organizado por *La Vanguardia* y Foment del Treball en Barcelona, en un lugar espléndido por el que han pasado representantes del mundo industrial, institucional, social y académico, que han debatido apasionadamente sobre las perspectivas futuras de la integración europea. Particularmente interesante ha sido el intercambio con Josep Sánchez Llibre, presidente del Foment, sobre la importancia del mercado único tanto para las grandes como para las pequeñas y medianas empresas.

¿Cuál ha sido mi respuesta a esta pregunta? No estoy seguro de encontrar las palabras justas. Siempre me planteo si ser positivo y optimista cuando hablo de Europa, o ser duro cuando es necesario serlo, incluso a costa de alimentar el pesimismo. Pero sobre esta pregunta al final prefiero ser claro. No creo que hoy fuéramos capaces de hacer lo que hicieron Delors y su generación. Podríamos inventarlo y elaborarlo, pero no creo que estuviéramos en condiciones de superar todos los obstáculos que entonces Delors, Kohl, Mitterrand, Andreotti, Craxi y González consiguieron vencer. Es verdad que la UE ha llevado a cabo proyectos extraordinarios en estos últimos años, y que el plan de recuperación Next Generation EU es, sin duda, el principal y más revolucionario.

Sin embargo, diseñar un gran plan de inversiones comunes y conseguir financiarlo con la deuda común me parece un objetivo difícilmente perseguible si no existieran condiciones de extrema gravedad como lo fueron la pandemia y la guerra. En su ausencia, debemos trabajar todo lo posible para conseguir una Europa mejor, podemos y debemos intervenir de inmediato con medidas correctivas ambiciosas e incluso decisivas. Una reforma orientada y bien calibrada del mercado único representa, en este sentido, una conquista posible e importante para nuestro futuro, como muestra el contenido del informe que he tenido el mandato y el privilegio de redactar.

8
EN BRATISLAVA, IDEAS PARA LA *FREEDOM TO STAY*

«No hay una libertad de movimientos beneficiosa sin convergencia», afirmaba Delors. Se necesitan cohesión y reducción de las diferencias. La libertad de quedarse y la libertad de circular son dos caras de la misma moneda.

En Bratislava tiene su sede una de las autoridades europeas más recientes y más estratégicas, la Autoridad Laboral Europea. Con su creación se ha intentado dar una respuesta al gran conflicto generado hace unos diez años en torno a la primera directiva de la Unión Europea sobre los trabajadores desplazados y a las controversias que surgieron en algunos países, con Francia y Bélgica a la cabeza.

El fenómeno del *dumping* social, alimentado por esa misma directiva, suscitó numerosos debates sobre la movilidad de la mano de obra en el seno del mercado único. En el origen de todo, increíblemente, un eslogan electoral tan trivial como afortunado, aquel sobre el «fontanero polaco», que en Francia avivó la campaña del referéndum sobre el Tratado Constitucional Europeo de 2005. Fue un debate dominado por el miedo de que trabajadores peor pagados provenientes de los nuevos países de la Europa central y oriental pudieran quitar el trabajo a los europeos «en su casa».

Más allá de las especulaciones electorales, la movilidad de los trabajadores constituye, en efecto y desde siempre, uno de los principales objetivos del mercado único. Es, como se sabe, una de las cuatro libertades, y ha sufrido una fuerte aceleración precisamente con la gran ampliación de 2004-2007. La diferencia entre las diversas regiones era tal que se determinó un enorme desplazamiento de trabajadores del este al oeste. Para afrontar el problema se llegó a esa directiva sobre los trabajadores desplazados. Una intervención que, en vez de regular el fenómeno, acabó por exacerbar la complejidad. Así, el fontanero polaco se convirtió en un emblema, casi en el testimonio de un problema político explosivo. Incluso hoy, en el encuentro con los dirigentes de la Autoridad Laboral Europea en Bratislava, sale a la luz lo complicado que es gestionar los flujos de trabajadores dentro de áreas tan profundamente desiguales como lo son aquellas que conviven en Europa después de la ampliación.

Se trata de una cuestión de la que naturalmente he hablado también con el Gobierno eslovaco. No veía al primer ministro Robert Fico desde hacía diez años. Era un joven y tímido jefe de Gobierno del único país de los cuatro de Visegrado que había elegido estar en el euro, a diferencia de Polonia, Hungría y la República Checa. Rara vez tomaba la palabra en el Consejo Europeo. Y cuando lo hacía era para limitarse a decir que estaba de acuerdo o que no lo estaba.

El Fico con el que me encuentro en una soleada mañana de marzo es otra persona. Y nunca habría pensado ver, dos meses después, las imágenes trágicas en las que es arrastrado por su escolta, tendido en una camilla y llevado en un helicóptero, mientras lucha entre la vida y la muerte después del atentado del 15 de mayo de 2024. En marzo me acogió con sus ministros y colaboradores en el palacio del Gobierno, en el centro de Bratislava, a pocos metros del palacio presidencial, los dos principales centros del poder eslovaco, que a menudo se encuentran en conflicto.

Recuerdo cada palabra, cada impresión de aquel encuentro del 15 de mayo, en Bruselas, en el ayuntamiento, donde vamos a hacer un homenaje a Jacques Delors, cuando fuimos informados del atentado.

Aquella mañana de marzo de 2024 en Bratislava no tuve la sensación de que existieran particulares medidas de seguridad. Es más, me sorprendió justamente lo contrario. Me acuerdo de que entramos en el palacio del Gobierno con menos controles de los exigidos en muchas otras capitales europeas.

Fico prestó especial atención a la cuestión de la movilidad de las personas y al dramático fenómeno de la fuga de cerebros y del éxodo que vivía Eslovaquia y otras áreas de la Europa del Este y de Sur. Hablamos largamente de la política europea de cohesión y de la intervención para asegurar servicios de interés general. Pero afrontamos también, abiertamente y sin reticencias, las profundas diferencias que existen entre nosotros, por ejemplo, respecto a la cuestión ucraniana, a la relación con Rusia o a los asuntos relacionados con el Estado de derecho. En general, recuerdo que pensé que, diez años después, me había encontrado a otra persona, mucho menos tímida y mucho más determinada. Aquella mañana habló durante largo tiempo. Habló mucho más que yo. Lo contrario de hacía diez años; me pregunto qué recorrido lo había llevado hasta allí.

Volviendo a la movilidad de los trabajadores y a las preocupaciones relacionadas con ella, recuerdo un diálogo mantenido con Delors cuando fui a verlo a su casa por última vez antes de su fallecimiento. Yo acababa de recibir la petición de los Gobiernos belga y español de escribir el informe, y quería darle la noticia y, obviamente, pedirle consejo.

Ante todo, quería darle la noticia porque el encargo era principalmente en su honor y me había sido confiado en cuanto presidente del Instituto fundado por él. Era imposible, incluso para una personalidad esquiva como la suya, disimular la satisfacción y el orgullo por el reconocimiento que le habían tributado como fundador del mercado único y, por tanto, de la Europa de la modernidad. Sin embargo, dejó inmediatamente de lado la complacencia para entrar en materia y darme consejos útiles para evitar cometer errores. El primero de ellos fue recordarme que el mercado único fue un éxito porque, junto a él, se lanzó la política de cohesión con el fin de equilibrar la ampliación de la época, la de España y Portugal. «No hay libertad de circulación beneficiosa sin convergencia», resumió en una frase con forma de sentencia.

Me ha acompañado desde aquel momento, bien colocada en la mochila con la que he afrontado mi largo y fascinante viaje por Europa. Tenía razón. Tenía razón sobre el pasado, tanto si analizamos el papel fundamental que jugaron después las políticas de cohesión y los trastornos causados por la primera versión de la directiva sobre el desplazamiento de los trabajadores. Y tenía razón también sobre el futuro. Lo he confirmado debatiendo con los veintisiete ministros responsables de la política de cohesión en un encuentro celebrado en Mons y presidido por el entonces presidente de la región belga de Valonia, Elio Di Rupo, donde tuve ocasión de hablar largamente de estos temas también con el secretario de Estado Fernando Sampedro, el ministro

Jean-Noël Barrot y el entonces ministro Raffaele Fitto, actualmente vicepresidente de la Comisión Europea.

En efecto, no sé decir cuántas veces salió a la luz la cuestión del replanteamiento y el relanzamiento de la política de cohesión en las visitas que he realizado en los meses de preparación del informe. Ni puedo contar con qué intensidad lo he hablado con numerosas personas que dudan cada vez más de la adhesión de otros países, con el temor de que los nuevos absorban todo el dinero de la política de cohesión. Conversé muy a menudo con Elisa Ferreira, entonces comisaria de Cohesión y Reformas, y con su equipo de expertos para entender cómo poner de nuevo la atención sobre una cuestión que, en el contexto de otras crisis actuales, la hace invisible frente a los grandes debates sobre el Estado de Europa.

Esta pérdida de centralidad se explica por el hecho de que algunos Estados miembros ya no consideran que la política de cohesión sea un instrumento vital para mantener el equilibrio de la Unión. Mi impresión es que es una especie de daño colateral del gran plan de inversión post-Covid Next Generation, financiado con formas inéditas de deuda común, que ha relegado a un segundo plano los fondos estructurales, y los ha confinado a una función accesoria, casi a la indiferencia.

Sobre cuáles son las causas de esta tendencia a minimizar su papel, en materia de políticas de cohesión y de fondos estructurales, el razonamiento es, en realidad, elemental. Nos dirigimos hacia una nueva ampliación, importante e histórica. Los costes serán imponentes. Basta pensar en la sustanciosa financiación de la reconstrucción de Ucrania. Desde esta perspectiva, si no se dice con claridad de dónde procederán los ingentes recursos necesarios, es probable que en muchas regiones de Europa se empiece a sospechar que se prepara alguna forma de *trade off,* de intercambio instrumentalizado, con el dinero de la cohesión. Todo ello con el efecto de desacreditar a la Unión y poner en duda tanto los principios que la sustentan como la utilidad estratégica de la ampliación.

Y aquí volvemos a Jacques Delors. No puede haber mercado único sin políticas de convergencia. Por eso la reforma de la cohesión establecida por Elisa Ferreira es indispensable y, desde luego, no puede hacerse a saldo cero o incluso preconizando recortes presupuestarios en el futuro. No hay ninguna duda de que una parte de la misma reforma, como sugiere la comisión de expertos dirigida por Andrés Rodríguez-Pose, debe tener en cuenta aquello que no ha funcionado y, sobre todo, el hecho de que reiterar las mismas idénticas políticas aplicadas hasta ahora sin éxito no es la estrategia más inteligente. Se trata de innovar y de prepararse adecuadamente para el nuevo contexto.

Y en este nuevo contexto el desafío principal, a mi parecer, es la fuga de cerebros. También esta ha sido una idea muy debatida en los encuentros que he mantenido en las capitales de los Estados miembros. Debatidísima y también conflictiva, tanto en las sedes académicas como a nivel internacional. Y, si lo miramos más de cerca, igualmente se explica por el hecho de que el problema no solo afecta a las relaciones de los Estados miembros entre sí, sino también a los equilibrios entre las diversas regiones de un mismo país, como sugieren, entre otros, los casos de Italia y España.

La complejidad de la cuestión se agudiza porque a menudo en el bolsillo de quien se va solo hay un billete de ida.

En los últimos años, por supuesto, ha habido ejemplos en el sentido contrario, tras un período en el que, inmediatamente después del ingreso en la UE, los desplazamientos hacia los Estados miembros más ricos parecían imparables. Es interesante el caso de la República Checa, y es Vladimír Dlouhý, hoy presidente de Eurochambres, protagonista de las negociaciones de adhesión de su país a la UE, quien me presentó en Praga los datos más que alentadores de una reciente y recuperada capacidad de atracción, con muchos ciudadanos checos que regresan a su patria, junto, por otra parte, a numerosos trabajadores europeos que han decidido en estos años elegir precisamente la República Checa como destino. El mismo fenómeno se produce en otros Estados miembros. Y se trata sin duda de una confirmación de la vitalidad del mercado único y del dinamismo del mercado de trabajo europeo.

Pero estas señales no bastan para contrarrestar, ni aún menos cancelar, cuanto desde hace décadas está sucediendo en otras partes. Croacia, Rumanía, Bulgaria, Eslovaquia y Hungría son los casos más llamativos de un fenómeno que ya no es sostenible. También algunas regiones de España desde hace demasiado tiempo atraviesan por una experiencia similar. Una tendencia geográfica, demográfica, económica y social que Sergio del Molino describió muy bien en su libro *La España vacía* hace varios años. Hay una España con una densidad de población históricamente muy baja, caracterizada por tener un tejido social arraigado en las regiones interiores, que de algún modo ha quedado atrás respecto de la España urbana. Un fenómeno que se ha verificado no solo en la península Ibérica, sino también en otros países europeos.

Cuando durante muchos años seguidos —o incluso durante décadas— se sufre una hemorragia como aquella que viven los países y las regiones que he mencionado, no podemos conformarnos con la definición de fuga de cerebros; es un eufemismo trivial. Mejor hablar, de forma realista, de expoliación. Porque la que se va es, en general, la parte más vital y fresca de las comunidades interesadas, las cuales, además, ya no pueden contar con un recambio adecuado en el interior de su propia sociedad. Las administraciones públicas, en particular, se quedan atrás, no están en condiciones de mantener el ritmo con las adaptaciones necesarias, acaban envejeciendo, y no solo en términos de edad. Sabemos que la cuestión generacional es importante para el buen uso de las nuevas tecnologías y del *know how* en materia de gestión de productos y de procesos.

Al respecto, uno de los más interesantes debates que mantuve en la Comisión fue con Mario Nava, que entonces encabezaba la dirección general que se encarga de acompañar a los Estados miembros en la implementación de las reformas europeas, en el ámbito de la cartera de competencias de la comisaria Ferreira. A veces el problema parece irresoluble. En efecto, se pueden lanzar grandes ideas en Bruselas, se pueden asignar nuevos fondos y recursos significativos, pero en demasiados casos quien tiene la responsabilidad de hacer aterrizar las innovaciones de manera eficaz no lo consigue, por limitaciones estructurales y, sobre todo, por la falta de los recursos humanos esenciales. Y quien no lo consiga con las propias políticas nacionales o regionales también acabará por fracasar inevitablemente con las oportunidades europeas que se le presenten. Con una consecuencia sobre todas: aumentarán las desigualdades, se ampliarán las distancias.

En el informe propongo crear un verdadero pilar asociativo entre el nivel europeo y el de los Estados miembros, de modo que el acompañamiento sea más inmediato, eficaz. Y de manera que las estructuras locales se beneficien y encuentren un verdadero apoyo al trabajar con Bruselas.

Pero también estas propuestas corren el riesgo de ser ineficaces, si no se detiene la expoliación o la fuga de cerebros, para entendernos. Por eso hemos usado, en los títulos de la sección específica del informe, la fórmula *Freedom to move, freedom to stay:* libertad de circular, libertad de quedarse. Lo sé: el debate es objetivamente complejo. Pero plantear con claridad el problema puede contribuir a evitar graves repercusiones sociales y, sobre todo, que el mercado único se convierta en un factor de divergencia, en vez de unión y convergencia. Nunca fue la idea de Delors, no debe serlo ahora.

Para ser claros, la libertad para quedarse no quiere decir cerrar las fronteras e impedir las salidas. *Freedom to stay* y *freedom to move* son dos caras de la misma moneda. Van unidas. La libertad para quedarse obliga a la UE a reconsiderar la propia política de cohesión y a relanzarla. Al mismo tiempo, impulsa la creación de sistemas de incentivos para regresar al país de origen, según criterios que deben ser valorados sobre la base de las mejores experiencias nacionales.

La libertad para quedarse significa, en fin, disponer de otra aproximación a los servicios de interés general, materia hasta ahora prácticamente huérfana de paternidad política e institucional. La depauperación de los servicios públicos fundamentales en muchos territorios periféricos ha sido uno de los errores más graves que hemos cometido en los últimos veinte años. Ahora, también en este caso, es el momento de demostrar que hemos aprendido la lección.

9
Para reflexionar sobre la quinta libertad, en el CERN de Ginebra y en Barcelona

Hay una quinta libertad que añadir, la del conocimiento. Para incentivar el uso compartido de los saberes y de las competencias, y aprovechar el potencial inexplorado de nuestras comunidades.

Las libertades del mercado único son cuatro: los bienes, los servicios, los capitales y las personas. Así quedaron recogidas en el artículo 26 del tratado que define el funcionamiento de la Unión. Hoy, sencillamente, ya no son suficientes. Me lo sugiere con una hermosa síntesis un estudiante esloveno en Florencia, en el Instituto Universitario Europeo: «Las cuatro categorías clásicas de las libertades del mercado único son hijas del siglo XX. Todas ellas son tangibles, pero falta la intangible, que en el fondo es la verdadera característica de nuestro tiempo, el siglo digital».

Fue mucho más que una inteligente provocación. He reflexionado largamente sobre ello: es preciso cuestionar el marco conceptual del mercado interior y trabajar sobre su completa evolución. Ha habido muchos debates, en la universidad y en otros ámbitos. Y después la propuesta correcta: revisar la controversia que se produjo durante las primeras décadas de vida del mercado único y encontrar un discurso de Jacques Delors en el Parlamento Europeo, de enero de 1989, en que propuso la idea de completar las cuatro libertades con una quinta: la libre circulación de las ideas.

En efecto, a partir de aquí, llegamos, en el cambio de milenio, al gran proyecto de una Unión Europea competitiva basada en la economía del conocimiento, promovido por los quince Estados miembros de entonces y por la Comisión Europea encabezada por Romano Prodi en Lisboa, en el año 2000. Para aplicar algunos de sus principios básicos, el responsable de la Investigación de la primera Comisión postampliación, el esloveno Janez Potočnik, lanzó el proyecto de una quinta libertad basada en la investigación. Un proyecto que luego, en los Consejos Europeos del periodo de la gran crisis financiera, no encontró un terreno fértil para seguir adelante. Pero la intuición estaba ahí y era correcta, a partir —repito— de aquel discurso de Delors en Estrasburgo.

En la actualidad la intuición debe ser relanzada, reforzada y convertida en realidad. El momento es el adecuado y la realidad que nos rodea y la competencia global nos impulsan en esa dirección. Hablé extensamente sobre ello durante un interesante panel en el Foro de Diálogo España-Italia en Barcelona, junto a Eloísa del Pino, presidenta del Consejo Superior de Investigaciones Científicas; su homóloga italiana Maria Chiara Carrozza, el presidente de IE University, Santiago Íñiguez de Onzoño, y Arancha González Laya, decana de la Escuela de Asuntos Internacionales de París, quienes me animaron a ampliar el alcance de los objetivos. No solo la investigación, sino también los datos y las habilidades. El ámbito conceptual debe ser más grande porque el desafío actual es más exigente. Al final, me convenzo de que, para hablar de la quinta libertad, debemos usar el término «conocimiento». Es el que define, mejor que todos los demás, la intangibilidad a la que se refería nuestro brillante estudiante esloveno y que nosotros debemos añadir al marco clásico de bienes, servicios, capitales y personas.

Ginebra, en el curso de mi viaje por Europa, fue la etapa más interesante para profundizar en este tema. Desde luego, Suiza no forma parte de la UE y tiene relaciones con el mercado único establecidas por una serie de acuerdos que quizá solo ahora podrían finalmente ser reforzados. Pero Ginebra es un lugar especial por muchos motivos, en particular porque es la sede —parte en territorio suizo, parte en territorio francés— del CERN, la Organización Europea para la Investigación Nuclear. A la cabeza de esta excelencia europea hay una directora con grandes cualidades, Fabiola Gianotti. Es ella quien, al lanzar el nuevo Instituto de Informática Cuántica del CERN, fruto de una iniciativa conjunta con el Geneva Science Diplomacy Anticipator (GESDA), aborda la gran cuestión de la libertad del conocimiento y del papel fundamental del método científico en las políticas de la Unión Europea. Su razonamiento deja huella y me convence aún más de la necesidad de hacer de la quinta libertad uno de los ejes principales del informe.

Se trata de darse cuenta del peso cada vez más decisivo que tienen los datos en la toma de decisiones por parte de las instituciones nacionales y europeas. Su control y la libertad de circulación de los mismos contribuyen a definir, ahora, un asunto muy importante que atañe a la democracia y que la UE debe poner entre las prioridades de las que ocuparse.

Con mayor razón en una época en la que el método científico es constantemente puesto en cuestión. En efecto, en muchas, demasiadas ocasiones, las evidencias científicas son estigmatizadas no porque existan contrapruebas, sino por la interesada persecución de intereses inmediatos, particulares o corporativos. El caso más llamativo es, obviamente, el negacionismo climático, cada vez más difuso y virulento. Los negacionistas descartan la ciencia porque no les sigue el juego, ellos no hablan a la cabeza, sino a los instintos de las personas, y aprovechan los fallos del sistema de comunicación mundial y las redes sociales para imponer como verdades reveladas teorías no respaldadas por ninguna prueba irrefutable.

Se trata de un plano inclinado sobre el que nuestras democracias corren el riesgo de deslizarse, si la ciencia no recupera su incontestabilidad dialéctica. Es preciso que las decisiones de quienes gobiernan sean adoptadas sobre la base de evidencias científicas que también sean aceptadas por la oposición: en este ámbito, es necesaria una aproximación rigurosamente bipartidista. Porque la ciencia no es de derechas ni de izquierdas. La ciencia proporciona datos en apoyo de quien decide, independientemente de la orientación política y del momento contingente.

Si faltara este axioma, serían impracticables las políticas de largo plazo necesarias para acompañar transiciones tan decisivas como la verde, la justa y la digital. Y sería imposible contrarrestar las tendencias que están transformando nuestras sociedades, empezando por la desastrosa orientación de la demografía.

Cambio climático y demografía, por otra parte, son solo algunos de los ámbitos en los cuales la aproximación empírica es abiertamente boicoteada. Hay muchos otros con implicaciones incluso más dramáticas: pienso obviamente en la investigación médica durante la crisis de la Covid. Cuántas batallas, cuántos enfrentamientos, cuántos mensajes irracionales, pero peligrosos. Parecen tiempos lejanos y, sin embargo, están muy cerca. Se trata de fenómenos comunes a toda Europa, quizá a todo Occidente: las soluciones propuestas como alternativas a las oficiales son, mira qué casualidad, exactamente las más fáciles y las más cómodas. En síntesis, siempre se trata de atajos. No se ha visto ninguna contrapropuesta basada en la ciencia, naturalmente.

Por el contrario, la defensa y la revitalización del método científico son valores fundacionales de la Unión Europea, un pilar de nuestras vidas comunes. A partir de estas reflexiones he pensado en la necesidad de anclar el futuro del mercado único a la centralidad del rigor empírico y a la independencia de la ciencia. La Covid y el cambio climático deben marcar una línea de separación: la Unión Europea del futuro debe ser impermeable al populismo anticientífico.

Ciertamente, esto significa también invertir más en la educación y en la investigación a nivel europeo. A pesar de los notables esfuerzos realizados y el gran éxito del programa Erasmus+, pocos europeos han tenido la oportunidad de estudiar o trabajar en otros países de la UE. Es necesario hacer más para favorecer el intercambio de ideas y de experiencias, la asimilación y el diálogo entre los ciudadanos europeos. La Comisión ha propuesto un plan para crear una licenciatura europea, y mantener esta dirección debe ser una prioridad en la próxima legislatura.

En el informe he sugerido una propuesta adicional: convertir la movilidad en una pieza integral y obligatoria en la educación secundaria para todos los europeos, una especie de Erasmus para los institutos. Debemos garantizar que el conocimiento y la movilidad no sean privilegios de unos pocos, sino derechos fundamentales de todos, promoviendo así también un sentimiento de identidad y solidaridad europea, como nos ha enseñado y continúa enseñándonos la promoción Erasmus de Antonio Megalizzi, el joven periodista italiano trágicamente asesinado en el ataque terrorista ocurrido en Estrasburgo en diciembre de 2018.

Por otra parte, colocar el conocimiento en el corazón del mercado único es también la mejor manera de que Europa invierta mucho más en innovación. Por desgracia, en los últimos años, la brecha con el resto del mundo, en particular con Estados Unidos y China, se ha ampliado. Las revoluciones tecnológicas que a finales del siglo pasado nos habían proporcionado el liderazgo en campos fundamentales, como por ejemplo las telecomunicaciones, son ahora un recuerdo remoto. Hoy Europa se encuentra en dificultades, replegada sobre sí misma, dominada por la fragmentación y la pequeñez. Es difícil, en este contexto, incluso solo pensar en poder disputar un papel de liderazgo en sectores estratégicos, destinados a jugar un papel cada vez más central en la economía y en las estrategias de futuro. Pienso en particular en todo el sector aeroespacial, al que he querido dedicar un capítulo específico en el informe.

Pero, más allá de los sectores específicos, también se pone de manifiesto nuestra pequeña dimensión en el vasto dominio del conocimiento; somos demasiado pequeños, sobre todo porque estamos divididos en veintisiete fragmentos. Todo esto crea dificultades para lo que en la carrera por la innovación es crucial. Me refiero a la enorme cantidad de capitales necesarios para experimentar, para equivocarse y volver a intentarlo y volver a equivocarse, incluso para fracasar, pero luego, al final, conseguirlo. Me lo cuenta, con un poco de pena, una jovencísima emprendedora de Vigo, a quien conozco gracias a un evento organizado por Foment del Treball en Barcelona, fundadora de una *start-up* en el sector de la inteligencia artificial: para encontrar a alguien que la escuchara y confiara en su idea se ha visto obligada a viajar a Texas, en la actualidad el lugar más avanzado de la innovación mundial, quizá aún más que Silicon Valley.

Precisamente el capítulo de la inteligencia artificial es probablemente el más atractivo, pero también el que más preocupaciones genera.

En Estados Unidos, el número de inversiones en esta materia no es mínimamente comparable con lo que podemos hacer aquí en Europa. En compensación, nosotros hemos legislado. Y hemos hecho bien, con Thierry Breton, en presionar para ser los primeros en el mundo en adoptar un reglamento común. Sobre todo, porque gracias a esta normativa se ha conseguido detener la carrera precipitada de veintisiete parlamentos nacionales y regionales, y otros, dispuestos a redactar sus propios reglamentos en materia de IA. El reglamento europeo ha conjurado el caos normativo, y también el interpretativo y de ejecución. Y nos ha confirmado, además, en la idea de que Europa puede volver a tener capacidad de influencia mundial en el ámbito de la innovación.

Y no hay duda de que la capacidad innovadora de una economía es directamente proporcional a la cantidad de informaciones y de datos que es capaz de gestionar e incluir en los propios procesos, incluyendo la toma de decisiones.

La ecuación es lineal y cada vez más evidente: cuanto más moderna, integrada y competitiva es la economía del conocimiento, más importante es la creación de valor, mejor es la calidad de la gobernanza en todos los sectores, más fuerte es la democracia. En efecto, a todos los niveles, el responsable que tiene a su disposición datos ciertos e instrumentos innovadores para analizarlos y tratarlos puede operar de manera eficiente y competente, y ofrecer respuestas más orientadas y adaptadas a las necesidades de sus comunidades de referencia. Todo ello en el ámbito de un círculo virtuoso por el cual, compartiendo luego los conocimientos y aplicándolos a ámbitos diversos, se pueden experimentar nuevas formas de innovación más transversales, capaces a su vez de traducirse en nuevas aplicaciones. Con el resultado, pues, de generar progreso y de hacerlo según los tiempos y los ritmos que exige la actual competencia global.

En definitiva, como se explica en profundidad en el informe, el objetivo es hacer de la quinta libertad el instrumento permanente para eliminar las barreras al acceso a los datos e incentivar el uso compartido de los saberes y de las competencias entre todos los países miembros, aprovechando el potencial sin explotar del conocimiento y poniéndolo al servicio de las empresas y de los ciudadanos europeos.

10
En mangas de camisa bajo el sol invernal de Copenhague

Acelerar el proceso de decisión europeo es una exigencia primordial. Hay que elegir entre las directivas, muy largas y complejas en la fase de aplicación, y los reglamentos, inmediatamente aplicables.

Me desplazo a pie entre los canales de Copenhague y miro al cielo. No hay ni una nube. El sol, aunque bajo, calienta. A nuestro alrededor solo veo personas en camiseta y muchos ciclistas vestidos como si fuera agosto en España. Me veo reflejado en el escaparate de una tienda y, junto a Tullio, que me acompaña, parecemos salidos de una escena de *Ocho apellidos vascos,* vestidos como si nos encontráramos en los Pirineos en pleno invierno. Me quito la chaqueta, dejándome solo la bufanda. Estamos en febrero. Es un placer caminar así por Copenhague, admirando las primeras flores en los numerosos espacios verdes del centro de la capital danesa. El clima es perfecto. Pero no para febrero. Decididamente hay algo que no cuadra.

Me espera una jornada de trabajo con empresarios, expertos y representantes de los trabajadores, y durante toda la visita me acompaña el ministro de Desarrollo Económico, Morten Bødskov, que me ayuda a entender todo mejor. Obviamente son muchos los temas ligados al mercado único, pero sobre todo planea una atmósfera de guerra. Dinamarca, país miembro de la OTAN, con una sólida tradición en la industria de defensa y un papel destacado en la Alianza Atlántica, acaba de decidir entregar todo su arsenal a Ucrania. La amenaza rusa está, con diferencia, por encima del orden del día en todos los encuentros. Nunca, de verdad que nunca, habría imaginado retomar la gran obra del mercado único de Delors y tener que enfrentarme a la eterna cuestión de la paz y de la guerra. Y nunca, repito, habría previsto hablar sobre la industria de defensa, y sobre su integración a escala europea, como gran prioridad del mercado común.

Sin embargo, es así. Verdaderamente me doy cuenta cuando finalizo mi jornada de trabajo reuniéndome con Mette Frederiksen, la primera ministra danesa, que me recibe en el lugar en que fue filmada *Borgen,* la famosa serie de televisión de enorme éxito. Pienso por un instante en la influencia de este tipo de ficción y en su capacidad para popularizar lugares que de otro modo serían desconocidos para nosotros. Mette Frederiksen me confirma que la guerra ha modificado la brújula de las prioridades de la acción del Gobierno y del debate público danés, pero al mismo tiempo añado que la irrupción de este nuevo escenario no ha reducido el nivel de atención sobre la reforma de Europa. Había escuchado comentarios similares en los encuentros mantenidos en las otras capitales escandinavas, en Helsinki y en Estocolmo, como también en los países bálticos.

El *go green,* por un lado, y la lucha contra la hiperregulación y la excesiva burocracia, por el otro, pueden contar con el apoyo bipartidista que los Gobiernos, conservadores y progresistas, de los países nórdicos aportan al debate público y a las decisiones europeas. Con resultados dispares, pero con gran determinación y siempre asegurando una contribución destacada en la reflexión sobre el futuro de Europa. Concentrémonos en especial en la simplificación de la administración pública.

He llevado a cabo reflexiones de igual profundidad en Estocolmo, La Haya, Helsinki y Tallin. Particularmente interesante fue la reunión en la Trobada Empresarial al Pirineu, iniciativa promovida por un grupo de empresarios y profesionales leridanos, que se desarrolló en La Seu d'Urgell. Para mí, el encuentro fue uno de los más interesantes de todo el viaje. Me había informado de su existencia Josep Antoni Duran i Lleida, profundo conocedor de esta región. Me dijo que, en mi viaje por Europa para preparar el informe, me sería muy útil pasar una jornada en lugares relevantes desde el punto de vista económico, pero geográficamente distantes de las capitales nacionales, y qué interesante hubiera sido comprender las complejidades de lugares fronterizos como este, que se extiende entre España, Francia y Andorra. Múltiples complejidades que se vuelven aún más interesantes por la particularidad de Andorra, un lugar único por su historia y peculiar por su relevancia actual, dadas las negociaciones con la UE, los acuerdos y la dificultad de compartir el contenido de esos acuerdos dentro de una pequeña población, pero muy celosa de su historia y su autonomía.

Tenía razón Josep Antoni. Aprendí mucho aquel día, y a raíz de esos encuentros he desarrollado muchas ideas ligadas al futuro de los servicios de interés general en las áreas periféricas de los países europeos. Y he entendido que es realmente crucial la cuestión de las interconexiones y la necesidad de poner más énfasis en una mayor cooperación transfronteriza.

Me siento involucrado y admirado por la determinación con la que se afrontan estos asuntos. Me lleva a hablar de Bruselas, de esa especie de Moloch burocrático en el que parece haberse convertido la capital de la UE a los ojos de los ciudadanos europeos. Escucho y comparto el análisis de algunas críticas. Defiendo a Bruselas y a la UE en otros asuntos. Me siento un experto en la materia porque vengo de un país en el que la burocracia no puede, desde luego, presumir de ser tan eficiente como la de Dinamarca.

Creo que demasiadas veces Bruselas se ha visto obligada a agregar lo que parecen ser nuevos niveles de regulaciones porque los Estados miembros se resisten a ellas. Ellos mismos quieren imponer regulaciones adicionales. La intención es mantener márgenes de control que, sin embargo, acaban siendo un perjuicio para alcanzar objetivos comunes y un impedimento para los ciudadanos. Por otra parte, a menudo se alude a la Comisión Europea en términos de complejidad burocrática, evidenciando la necesidad de afrontar y resolver ciertas ineficacias. Sin embargo, es preciso recordar que las dimensiones de la Comisión Europea son similares a las del Ayuntamiento de Milán. Es decir, la Comisión es pequeña, pequeñísima, si se la compara con las gigantescas administraciones nacionales. Y, después de todo, solo tiene poderes reguladores y no administrativos. A pesar de estos atenuantes, la cuestión de la simplificación administrativa continúa siendo central e insoslayable.

La primera conclusión que extraigo de tantos encuentros es que es preciso hacer prevalecer definitivamente el uso del reglamento de la Unión sobre el de cualquier otra actuación legislativa europea, con las directivas a la cabeza.

Me vienen a la mente mis primeros acercamientos al derecho comunitario. Recuerdo, cuando era estudiante, los cursos de derecho constitucional y derecho parlamentario en la Universidad de Pisa, y la visita que pudimos hacer al Parlamento nacional en Roma. Me acuerdo muy bien de aquellos dos días de 1986 que pasé visitando varias comisiones parlamentarias.

Giuliano Amato desempeñaba entonces un cargo muy exigente, del que años después pude comprobar en primera persona la vigilancia que comporta y el cansancio que conlleva: el de subsecretario de Estado de la Presidencia del Consejo de Ministros. Nos recibió y respondió a todas nuestras preguntas, aunque le esperaban otras tareas más urgentes. La palabra que más se me quedó grabada fue precisamente «directiva». Era la clave del derecho comunitario. Eran las indicaciones que daba Bruselas y que los Estados miembros debían aplicar, trasladándolas al derecho nacional con sus propios instrumentos legislativos.

En Italia lo hacíamos con retraso y, a menudo, de manera tal que se generaban infracciones ante el Tribunal de Justicia de la Unión Europea, con las consecuentes sanciones y multas pecuniarias. Doce años después de aquella visita como estudiante al Parlamento, era responsable de esta materia en el Gobierno y trataba de acelerar la aplicación de las famosas directivas europeas. El objetivo era establecer procesos más rápidos y más eficaces, cuyos resultados fueron dispares y conseguidos siempre con mucho esfuerzo.

Ya entonces todo giraba en torno a la «directiva»: una palabra, en el fondo —también etimológicamente—, impositiva, casi coercitiva, que, no obstante, demasiadas veces ha resultado vacía de contenido en la fase aplicativa. Y luego estaba el reparto del proceso legislativo comunitario en dos fases. En primer lugar, la ascendente, basada en la creación del contenido de la norma mediante un enfoque comparativo de los Estados miembros entre sí y con la Comisión y el Parlamento Europeo. En segundo lugar, la fase descendente, la aplicación de la norma al derecho interno, una vez aprobada en Bruselas y en Estrasburgo. Mantener el equilibrio en estas dos fases requería un gran esfuerzo. Como también asegurar su coherencia y su continuidad. Demasiadas veces en Italia se han usado todas las posibilidades disponibles para alargar y aprovechar la fase descendente porque no nos habíamos dado cuenta con suficiente anticipación de la importancia de la fase ascendente, que se trataba de manera superficial e insuficiente, sin captar plenamente las implicaciones y las potenciales consecuencias.

Pero el ritmo de la vida cotidiana, de la sociedad y de la economía actuales no pueden sostener un proceso legislativo tan complejo (con fase ascendente, fase decisiva y fase descendente) que, sobre todo, otorga un margen tan amplio de intervención a los Gobiernos en todas sus etapas. Cuando los Estados miembros eran nueve quizá todo esto era manejable. Con veintisiete, o tal vez mañana con treinta y cinco, es imposible. De aquí la necesidad de intervenir para agilizar y simplificar, comenzando por la utilización de la mayor parte de la legislación europea como instrumento de regulación, que se aplica directamente y de idéntica manera desde su entrada en vigor.

Mi conclusión, después de todos los contactos realizados durante esta larga fase de escucha, es fácil de resumir: las directivas son el pasado y deben ser definitivamente superadas. Es preciso pasar de las directivas a los reglamentos, que se pueden aplicar inmediatamente y no necesitan de una norma nacional para implementarlos. Es preciso saltarse la doble intervención de los Estados. Es preciso hacer que la fase descendente sea automática y que no deje espacio a prácticas dilatorias o de boicoteo de las decisiones adoptadas conjuntamente en Bruselas. Es preciso eliminar todas las acciones que distorsionen, desde los retrasos hasta los fenómenos de modificación y distorsión conocidos con el nombre de *ring fencing* o *gold plating*.

Bien mirado, se trata de fenómenos inherentes a las propias directivas. En la Europa de los veintisiete, causa graves daños al sistema, a los ciudadanos, a las empresas y a los trabajadores. En definitiva, estos fallos son los que alteran los rasgos de la Unión Europea, que a menudo acaba ofreciendo dos caras de sí misma: la fuerte y firme cuando anuncia sus decisiones y la frágil, fragmentada y contradictoria, que se refleja en métodos de implementación farragosos y agotadores.

Con ellas deben lidiar quienes pretenden realizar inversiones desde el extranjero en territorio europeo y necesitan evaluar la conveniencia entre invertir recursos en Europa o hacerlo en otras áreas más atractivas del mundo. Desde este punto de vista, ser ágil y capaz de simplificar siempre que sea posible es un imperativo ineludible en la competición global.

A propósito de ella, en los años ochenta y noventa, importaba poco o nada. Ha comenzado a ser relevante solo a partir de principios del siglo XXI. Primero, la competencia existía principalmente entre los países europeos, no con el mundo exterior. La Europa en la que nace el mercado único tiene como grandes competidores solo a Japón y a América del Norte. Hoy su número ha crecido y continúa aumentando. Hace solo diez años India no habría sido incluida entre nuestros competidores en el mismo lugar que Estados Unidos, China, Corea del Sur o Japón. Hoy sí lo es. Y con ella las nuevas potencias que ganan posiciones en el escenario mundial, comenzando por los países de la ASEAN (Asociación de Países del Sudeste Asiático), quizá la novedad geoeconómica más interesante de estos tiempos.

Obviamente no es solo el contexto exterior lo que nos obliga a ser más ágiles y menos complejos para volver a ser competitivos. Existe también una razón a efectos internos que tiene que ver con las necesidades de los ciudadanos, que manifiestan una insatisfacción creciente y expectativas más exigentes en términos de aceleración y mejora de los procedimientos y de la burocracia, tanto en el nivel de decisión como en el de administración.

La señal de alarma procedente del mundo económico y de muchos sectores de la representación social debe tenerse aún más en cuenta en un momento en el que la lentitud burocrática colisiona especialmente con la rapidez y la ausencia de intermediación que ofrece lo digital. He escuchado, como ya he contado en este libro, muchas solicitudes de agilización, simplificación y aceleración en todos los rincones de Europa que he visitado. Me han hablado de ello en Barcelona y en Gante, en La Valeta y en Dublín. Por doquier, no solo en la Europa del Norte. Recuerdo un encuentro con emprendedores y representantes de diversas entidades económicas, pequeñas y grandes, en Grecia, concretamente en Lagonisi: horas y horas hablando solo de esto; como también me ocurrió, en un reflexivo intercambio, con el mismo primer ministro griego, Kyriákos Mitsotákis. También hablé de ello por última vez, poco antes de presentar el informe al Consejo Europeo, durante los dos días que me reuní con Viktor Orbán en Budapest.

Sin embargo, reforzado por todos estos encuentros, en el informe quería subrayar la importancia de la simplificación, aun a riesgo de hacerlo más pesado. Pero corregir radicalmente la manera en la que Europa decide y apoya sus decisiones constituye, a mi parecer, una especie de «reforma *a priori*» que debe adoptarse independientemente del propósito y el alcance de las revisiones sectoriales que se implementen.

Lo he escrito de manera inequívoca en el informe, así como también me he detenido en el paso de la directiva al reglamento y en otras tantas medidas útiles para aliviar el exceso de burocracia y para frenar la sobrecarga regulatoria.

Por último, trabajar para legislar mejor y simplificar los trámites administrativos presupone la implantación de un método muy selectivo que permita diferenciar entre dos aspectos. Por un lado, todo lo que es redundante y esté duplicado: las reglas y los procesos pueden reducirse, recortarse e incluso eliminarse. Por otro lado, está lo esencial, lo innegociable, es decir, las herramientas eficaces que garanticen los derechos de las personas y de los trabajadores. Estos últimos tienen derechos y, precisamente según el método Delors, es fundamental ampliarlos y no reducirlos en la fase de transposición de las normas europeas a las normas nacionales, como me han dicho repetidamente los sindicatos y los interlocutores sociales durante mi viaje.

Por tanto, respecto a estos derechos, el objetivo es inverso al relativo a los procedimientos redundantes: es aquí donde hace falta reforzar las normas, consolidar los procesos. Se trata, en definitiva, de no superponer nunca los dos niveles y, sobre todo, de oponerse a quien confunda la simplificación de los procedimientos con la de los derechos, socavando las razones mismas de la construcción europea y, en última instancia, también del mercado único.

11
EN ESTOCOLMO Y HELSINKI, PARA SUMERGIRNOS EN EL FUTURO DE LAS TELECO

Las empresas de telecomunicaciones —que fueron las grandes excluidas del primer mercado único— son decisivas para nuestro futuro. Se trata de hacer coexistir tres factores: la integración europea, el crecimiento del tamaño de las empresas y la protección de los consumidores.

En Estocolmo nieva. Entro en la sede de Ericsson, en la periferia de la ciudad. Las horas siguientes son una experiencia inmersiva bastante desalentadora en los problemas de competitividad de las telecomunicaciones en Europa. Una larga lista de problemas que atenaza desde hace años al sector y que está haciendo que la Unión Europea ocupe un lugar cada vez más marginal. La lista parte de la fallida revolución del 5G, pasa por la fragmentación de las empresas y termina con la ausencia vital de Europa en la competencia mundial entre plataformas, enteramente dominada por Estados Unidos y China. La primera impresión es que las posibilidades de recuperarse son limitadas; en todo caso, difíciles de vislumbrar.

Obviamente, no todo es negativo. Europa dispone todavía de una gran riqueza en términos de excelencia industrial, de competencias y de capacidad de innovación a las que recurrir.

Ericsson misma es un ejemplo evidente, con su capacidad de ocupar nichos de liderazgo global, incluso en un panorama competitivo tan complejo. Con las políticas correctas, existen posibilidades de crecimiento y desarrollo no solo para Ericsson, sino para todo el ecosistema europeo de las telecomunicaciones. La instauración de la quinta libertad, descrita con anterioridad, puede ser uno de los factores más importantes para permitir el salto cualitativo que necesitamos.

Por tanto, el escenario comporta muchísimos enigmas. Pienso, por ejemplo, en todo lo que concierne a los consumidores. La consecuencia de la fragmentación del sector y de las feroces políticas de competencia es que disfrutamos de precios muy competitivos, de los más bajos entre las economías avanzadas. Ciertamente se trata de una ventaja, pero parece más el último legado de la antigua preeminencia de Europa en el sector que un factor estructural y consolidado.

En efecto, la otra cara de la moneda es la falta de competitividad de las empresas del sector, que necesariamente se traduce en escasas inversiones. Los efectos sobre el consumidor en términos de oferta son evidentes. Actualmente, en Europa, asumimos que la cobertura de la red es mala en gran parte del continente; las perspectivas para el futuro son aún menos positivas, se hable del 5G *standalone* (es decir, el verdadero 5G, capaz de aprovechar al máximo sus potencialidades) o de las próximas generaciones tecnológicas. La marginalidad de hoy corre el riesgo de traducirse en ser excluidos de las ventajas de los progresos de mañana.

Al mismo tiempo, no podemos olvidar que recientemente nos han llegado señales más que alentadoras. Poco antes de la publicación del informe, la Comisión Europea ha presentado el libro blanco *How to master Europe's digital infrastructure needs?* Es un documento que marca un rumbo irrefutable —del que he podido aprovechar muchas sugerencias y muchas propuestas concretas—, por el que hay que reconocer el trabajo y la capacidad de análisis de los comisarios europeos Thierry Breton y Margrethe Vestager. Hablo de ello, entre otras cosas, en una provechosa reunión con Pekka Lundmark, quien en aquel entonces era CEO de Nokia, el otro campeón europeo.

Pero ¿cómo hemos llegado hasta aquí? Ante todo, los errores no son únicamente imputables a las decisiones tomadas los últimos años. Al contrario. De hecho, bien mirado, hemos llegado a esta situación porque hace treinta y nueve años, cuando Delors, como nuevo presidente de la Comisión, elaboró su plan para el nacimiento del mercado único el 31 de diciembre de 1992, los Estados miembros eliminaron las telecomunicaciones de la lista de asuntos que se iban a integrar. Se pusieron todos de acuerdo para afirmar que ese sector era estratégico para los intereses nacionales y que estos debían prevalecer sobre los europeos.

Fue una decisión hija del tiempo en el que se adoptó. Efectivamente, en los años ochenta, daba sus primeros pasos la verdadera integración económica del mercado europeo, pero la dimensión nacional era totalmente preponderante. Era la década del G7 y de la denominada victoria del capitalismo sobre el comunismo soviético, el «fin de la historia», para usar la fórmula que entonces estaba en boga.

Precisamente, el G7 que Giscard y Schmidt habían creado años antes vivía sus años de gloria. Hoy sabemos que fue el último foro mundial eurocéntrico. De los siete países más industrializados del mundo, cuatro eran europeos, dos norteamericanos y uno asiático. Una proporción así jamás volvería a repetirse. Sin embargo, mostraba el poder global de esos cuatro Estados europeos. Cada uno de ellos pensaba jugar un papel individual en los sectores estratégicos, como las telecomunicaciones, la energía y las finanzas, precisamente los tres macrosectores que Delors no pudo incluir en la configuración del mercado único.

Así, el mercado de las telecomunicaciones quedó reservado de manera exclusiva a la toma de decisiones nacionales y las intervenciones sucesivas nunca modificaron este principio. Por supuesto, hubo avances en materia de coordinación y de cooperación, de integración en cuanto a la regulación y la protección de los consumidores, pero los mercados seguían siendo nacionales. En consecuencia, las reglas europeas sobre la competencia estaban condicionadas a la lógica nacional, creando las condiciones para que se multiplicara el número de operadores. Una media de cuatro o cinco por cada país y más de cien operadores en toda la Unión Europea. Hasta la increíble media de cinco millones de clientes por cada operador europeo frente a los 107 millones de media de cada operador en Estados Unidos y 467 millones de China.

Es evidente que el número de clientes no basta para definir la competitividad, pero un sistema así de fragmentado no ayuda a que Europa pueda proyectarse a largo plazo e invertir en los ámbitos de la conectividad y la innovación. Por otra parte, muchas de aquellas decisiones basadas en la fragmentación nacional se han mantenido debido a que los ministerios de Hacienda de cada país necesitan cobrar tasas y licencias para alimentar las arcas públicas, a menudo exangües.

A propósito de licencias y de dinero cobrado o por cobrar, nunca olvidaré la experiencia que viví, aún muy joven, en el Consejo de Ministros para conceder las licencias del 3G en Italia. Estábamos en plena burbuja de internet. Los valores financieros y los valores reales estaban prácticamente en las antípodas. Nos preparábamos para subastar las licencias del 3G con la esperanza de conseguir una gran recaudación para el erario público, siguiendo la estela de lo que habían hecho los alemanes, que evidentemente lo hicieron en el momento justo. Pensábamos que al menos podríamos acercarnos a la monstruosa cifra que ellos habían alcanzado.

Entonces cayó el Gobierno de repente, según la «costumbre» italiana. El siguiente Ejecutivo tardó algunos meses en reabrir el expediente y, mientras tanto, las «cotizaciones alemanas» habían dado paso a cantidades más modestas. El asunto se cerró con cifras mucho más bajas, pero lo que dominó el debate público en esa etapa fue qué cantidad de ingresos había recaudado el Ministerio de Hacienda y el uso que se le podría haber dado, pocos o muchos según el mes de la concesión, a esos miles de millones de euros.

Esa historia de hace tantos años me vuelve muchas veces a la memoria porque me ha permitido entender de dónde podrían venir las principales resistencias a una verdadera integración de los mercados nacionales de las telecomunicaciones en uno solo, grande y competitivo. Por todas estas consideraciones he querido incluir en el informe una serie de pasos que se deben realizar con vistas a la integración. Las primeras medidas deberían permitir que los operadores puedan moverse a nivel plenamente europeo y emplear de la mejor manera las tecnologías más innovadoras, incluso a través de aclaraciones y simplificaciones administrativas.

Pero las medidas fundamentales son tres. La primera consiste en considerar al mercado europeo como «mercado de referencia» —no al mercado nacional— cuando se trata de políticas de competencia y de protección de los consumidores. Esto no implica en modo alguno que se deba implantar un modelo similar al americano, con tres o cuatro empresas enormes que se repartan todo el mercado europeo, sino que las empresas existentes puedan desarrollarse a cierta escala a través de procesos de consolidación del mercado. En vez de tener más de cien empresas nacionales, el objetivo debe ser crear un determinado número de empresas paneuropeas —del orden de unas decenas—, la cantidad suficiente como para garantizar una competencia leal, pero no excesiva como para desperdiciar valor. Paralelamente, empezar a proteger los derechos de los consumidores a escala europea no solo facilitaría el trabajo de aquellas empresas que quieran crecer más allá de los confines naturales, sino que también permitiría superar las odiosas diferencias que existen actualmente en relación a los estándares de protección de los que disfrutan los ciudadanos europeos en los distintos países.

La segunda medida concierne a la regulación. El hecho de que, en la actualidad, la aplicación y la interpretación de las normas sectoriales sean gestionadas exclusivamente a nivel nacional crea fragmentación y trato desigual, porque las diferentes autoridades nacionales operan también de maneras muy distintas. Sin embargo, no se trata de suprimir dichas autoridades nacionales. La propuesta consiste en crear una autoridad europea que trabaje estrechamente con las de los Estados miembros: la primera se encargaría de gestionar la normativa y los casos de relevancia transfronteriza, mientras que las segundas seguirían ocupándose de aquellas actividades cuyos efectos no traspasen las fronteras nacionales.

La tercera medida hace referencia a la transición hacia una política europea en materia del espectro radioeléctrico, es decir, el «espacio» por el que circulan las telecomunicaciones y las comunicaciones electrónicas en general. En la actualidad, este espacio se gestiona a nivel nacional, con el sistema de licencias y tarifas descrito anteriormente. De hecho, este enfoque complica a los operadores la planificación de inversiones a nivel europeo y, por tanto, debe superarse definitivamente.

Las telecomunicaciones son decisivas para el mercado interior y para el futuro de la economía europea, y creo que todo este proceso de reforma se puede llevar a cabo teniendo en cuenta a los consumidores y, en última instancia, en su beneficio. Lo he hablado varias veces con asociaciones de consumidores y he escuchado sus demandas. Las comparto completamente. Yo mismo, un consumidor como todos los demás, estoy convencido de ello. Simplemente, creo que debemos y podemos encontrar el modo de hacer compatible la integración del mercado europeo, el aumento del tamaño de las empresas y la protección de los ciudadanos que adquieren un servicio. Si no lo hacemos, el consumidor será quien pague por esta Europa que no está a la altura del desafío de la conectividad y de la innovación.

12
Entre París, Madrid y Fráncfort, la Unión de Ahorros e Inversiones para financiar la transición

La próxima legislatura deberá encontrar el modo de financiar la transición verde, justa y digital. Es preciso alcanzar un acuerdo político entre los veintisiete Estados miembros para canalizar los recursos públicos y privados hacia este objetivo.

¿Cómo explicar que el mercado interior claramente no ha funcionado como se esperaba? En lo que es sin duda una gran historia de éxito, ¿cómo es que el proyecto diseñado se quedó solo en el papel? Estas preguntas se han repetido con frecuencia en mis reuniones. Una primera respuesta, como ya he dicho, reside en las dificultades para garantizar la convergencia económica y sobre todo social en materia de derechos, calidad de vida y servicios.

Pero existe también una dimensión que atañe directamente al funcionamiento de las cuatro libertades. Estas preguntas han estado en el centro de apasionados debates en la Universidad de Fráncfort, con el presidente del Bundesbank alemán, Joachim Nagel, y con el rector internacional de la IE University de Madrid, Manuel Muñiz. En todos estos encuentros, finalmente se ha alcanzado un consenso casi unánime: el motor del mercado único se ha gripado en el cruce entre «servicios» y «capitales».

Por otra parte, si se piensa en las cuatro libertades y se las coloca en una escala desde la más integrada hasta la menos integrada, la secuencia, o más sencillamente, la clasificación es bastante fácil de seguir. En primer lugar, los «bienes», el sector más integrado; a cierta distancia, las «personas»; y a la cola, «servicios» y «capital». ¿Por qué aquí la integración no ha funcionado? ¿Por qué el sistema financiero europeo se está debilitando progresivamente y hoy solo representa el 11 % de mercado mundial? ¿Por qué en la actualidad ninguna entidad europea figura entre los principales bancos de inversiones del mundo, y lo mismo puede decirse de la gestión de activos? ¿Por qué el Nasdaq por sí solo vale mucho más que la suma del valor de todas las Bolsas europeas juntas?

Podríamos alargarnos con las preguntas, las cifras y las tablas. Todas nos devolverían, en cualquier caso, la misma fotografía: la del declive financiero de Europa. Y si preferimos la observación atenta de la realidad a la aridez de las cifras y de los análisis económicos, basta con ver cómo cualquier joven emprendedor que quiere tener éxito —poco importa que sea de Sevilla o de Vilna, de Liubliana o de Oporto— al final elige ir a Estados Unidos a buscar los capitales y el ambiente adecuado para crecer. Europa ni siquiera estudia el proyecto.

Estados Unidos sigue siendo el país de las oportunidades, al menos en este ámbito. Como si la gran crisis financiera de 2007 no hubiera empezado precisamente en Estados Unidos. Como si en los últimos años el país no se hubiera visto sacudido por convulsiones políticas y sociales quizá sin precedentes en el último siglo de su historia nacional.

Si encuadramos todas estas dinámicas en un horizonte más amplio e históricamente delimitado, creo que las razones de la decadencia europea y el simultáneo crecimiento americano se pueden sintetizar en tres grandes causas. La primera se sitúa precisamente en el origen del mercado único, cuando, junto a la energía y las telecomunicaciones, los líderes de los Estados miembros también eliminaron las finanzas de la mesa. Lo hemos visto: se consideraba que estos tres ámbitos estaban estrechamente unidos a las necesidades estratégicas nacionales. Entonces dijeron que no, todavía no.

La segunda causa es el Brexit, que de la noche a la mañana nos privó de Londres, la capital natural financiera de Europa, cuyo liderazgo jamás había sido puesto en cuestión. La salida del Reino Unido fue un crimen contra el futuro de los hijos de los británicos que la decidieron, pero también contra el futuro de nuestros hijos, porque en su vertiente financiera la UE ha perdido muchísimo. Habría podido perder aún más si la negociación no hubiera estado dirigida por la determinación y la competencia de Michel Barnier en nombre de los veintisiete Estados miembros.

Sin embargo, el daño del Brexit ya estaba hecho y las consecuencias iban a ser muy graves. Todavía hoy —y en el curso de mi viaje europeo he oído hablar mucho sobre ello— no hay, y temo que no habrá en breve, ningún acuerdo acerca de que una sola capital europea pueda sustituir a Londres. Las diferencias, las dudas y las objeciones a fin de cuentas solo sirven para enmascarar una feroz competencia entre las diferentes opciones que hay sobre el papel.

Realmente se necesita un milagro para que los países miembros acuerden una capital única, ya sea París, Milán, Fráncfort, Madrid, Ámsterdam o Dublín. Es inútil continuar con los ejemplos. Estamos siempre ahí, siempre en la competencia interna entre Estados miembros que frena a Europa e impide cualquier avance. Antes que elegir una ciudad de otro país, se acepta el *statu quo,* que aquí, en este sector, se traduce en dos palabras inequívocas: decadencia y marginalidad.

Finalmente, existe una tercera gran causa. Se trata de la distinta reacción que han tenido Estados Unidos y la UE ante la gran crisis financiera. En Europa, a la crisis de 2007-2008 le ha seguido la de la deuda soberana, mucho más grave, en 2011-2012. Estados Unidos no ha experimentado la segunda variante y, sobre todo, ha tenido la posibilidad de volver a empezar sin miedo a caer en una crisis de deuda. Una circunstancia, esta última, que es imposible que produzca, ya que, al ser un Estado federal, dispone de instrumentos centralizados para intervenir en un fin de semana, con las Bolsas cerradas, y encauzar la situación.

Entre nosotros, el trauma de 2011-2012 fue tal que desde entonces le hemos dado prioridad absoluta a no volver a encontrarnos en esa situación. Efectivamente, se han introducido algunas novedades importantes, como la Unión Bancaria para centralizar la supervisión del sector, y el Mecanismo Europeo de Estabilidad (MEDE). Por desgracia, debido a los vetos cruzados, nos hemos detenido ahí y no se han hecho más progresos.

El temor, hoy, a no saber cómo resolver una crisis en un fin de semana con las Bolsas cerradas es la principal preocupación que planea entre los operadores financieros y las instituciones encargadas de gestionar estos expedientes.

En resumen, las intervenciones han sido muchas e importantes, pero nos falta saber quién, en el desafortunado caso de una nueva crisis, debería sentarse a la mesa donde se toman las decisiones urgentes, con qué poderes y legitimidad podría hacerlo, y qué mecanismos podrían utilizarse. En lugar de decidirlo todo a la vez y para todos, los europeos preferimos tomarnos nuestro tiempo y desempolvar los estereotipos habituales, quizá recurriendo a los grandes clásicos, como la sempiterna diferencia entre las cigarras del sur y las hormigas del norte de Europa. He perdido la cuenta de las veces que me lo han repetido, con mil matices, pero nunca de forma explícita, durante mis encuentros.

En este punto muerto, no es de extrañar que termine prevaleciendo una actitud basada en la prudencia y el control de daños, reafirmando que, ante la falta de claridad sobre los eventuales escenarios de crisis, solo es posible transmitir mensajes de cautela dentro de una lógica preventiva. Así es como terminamos pidiendo a todos los actores financieros europeos que no corran riesgos. Una recomendación que, por lo demás, casa a la perfección con el hábito del ahorrador europeo, que prefiere poner el dinero a dormir en la cuenta corriente bancaria más que invertirlo, o con la tendencia de muchas empresas que prefieren el préstamo bancario antes que cualquier fuente de financiación. El resultado es la ausencia de una mínima aceptación de riesgo. Lo cual puede venir bien para conjurar una nueva crisis, incluso de pequeño alcance, pero es perjudicial si se tienen en cuenta sus efectos en el medio-largo plazo: el estancamiento y el consiguiente desplazamiento de todos los centros de poder financiero a Estados Unidos.

Nosotros debemos invertir esta tendencia, cambiar su sentido. Pero, ante todo, es necesario desearlo desde el punto de vista político. Se trata, pues, de compartir todos juntos, en la UE, la convicción de que un sistema financiero europeo moderno, integrado y atractivo es decisivo para que la economía real europea produzca crecimiento y genere puestos de trabajo. Puede parecer evidente, pero no lo es del todo. Desde muchos sectores, se piensa que las finanzas y la economía real son mundos desconectados. Esto no es así. De hecho, es exactamente lo contrario. Las finanzas deben estar al servicio de la economía real y esta última, sin poder acceder a una financiación adecuada, no es competitiva.

Esta toma de conciencia general debe traducirse en avances concretos, como he tratado de indicar en el informe. Ha llegado el momento de construir una Unión de Ahorros e Inversiones a partir de la incompleta Unión de los Mercados de Capitales. Se trata, en esencia, de decretar el fin de la larga época de los mercados nacionales cerrados y de construir un verdadero mercado europeo de servicios financieros. El primer paso es poner en común la supervisión de los mercados financieros, tal como viene ocurriendo con el sistema bancario desde hace algunos años. Yo no propongo la creación de un megasupervisor europeo, sino un sistema de supervisión con un centro fuerte y muchas ramificaciones nacionales coordinadas con el centro. Con la idea de que el centro se ocupe de las operaciones más importantes y los entes nacionales de aquellas que se encuentren por debajo de un cierto nivel.

Junto a esta racionalización, es preciso trabajar para integrar las actividades de poscontratación, con el objetivo, un día no demasiado lejano, de que, como en Estados Unidos, tanto compensación como liquidación *(clearing and settlement)* estén unificadas en una única entidad.

Además, es preciso construir un sistema que disponga de una sola puerta de acceso. No como sucede actualmente, ya que desde fuera de la UE se pueden introducir productos financieros provenientes de cada uno de los veintisiete Estados miembros, que luego circulan por todas partes gracias al mercado único existente en el ámbito de las finanzas. Se trata de una novedad fundamental, principalmente para la protección de los consumidores, pero, en general, en interés de la rendición de cuentas de todo el sistema. Por lo tanto, habría un único punto de entrada y un único punto de control.

En el informe están detalladas otras medidas necesarias para alcanzar el objetivo de la integración y posterior unificación de los mercados financieros europeos, con vistas a desarrollar una auténtica Unión de Ahorros e Inversiones. Estas intervenciones deberían ir acompañadas de decisiones consecuentes en materia de consolidación de otras infraestructuras de mercado importantes, empezando, por ejemplo, por los mercados financieros. Decididamente, a día de hoy, son demasiadas veinte Bolsas en Europa, todas pequeñas o muy pequeñas, que debilitan y fragmentan el sistema.

Que no se piense que todas las vías sugeridas en el informe son fáciles de explorar. Muchas de estas cuestiones abordan aspectos muy delicados. Todavía muchos consideran que las Bolsas nacionales son un símbolo de la soberanía, un motivo de orgullo patriótico, sin darse cuenta del impacto negativo sobre la competitividad y el atractivo de sus propios países y, por tanto, del interés nacional. Muchas Bolsas pequeñas y fragmentadas solo sirven para una cosa: ayudan a Londres y Nueva York a prosperar.

¿Son suficientes estos argumentos para impulsar un extraordinario esfuerzo político común, tanto en los Estados miembros como a nivel europeo? No lo creo. Al fin y al cabo, esta observación se viene haciendo desde hace varios años y poco se ha avanzado para cambiar de dirección. Por eso creo que la culminación del mercado único de servicios financieros debe estar estrechamente vinculada al objetivo arduo y hasta ahora no resuelto de financiar la gran misión europea de la transición verde, justa y digital. Creo que esta sería la fase política que marcaría un verdadero punto de inflexión.

El proyecto de la Unión de los Mercados de Capitales, tal como fue configurado a partir del plan de acción de 2014, no ha funcionado también porque, después del Brexit, ha perdido su motor político más potente. El proyecto se ha visto despojado de objetivos audaces y ha quedado reducido a un enfoque de «las finanzas por las finanzas», incapaz de movilizar energía política alguna. Al contrario, es crucial ligar el proyecto de integración de los mercados financieros europeos a un objetivo ambicioso, es decir, el de incentivar el ahorro de los europeos para permanecer en Europa y financiar la transición verde, justa y digital.

Más que «las finanzas por las finanzas» se hace necesario un proyecto concreto orientado a encontrar los recursos necesarios para financiar las tres grandes prioridades de la transición: el desarrollo sostenible, la justicia social y la innovación. Solo de este modo podremos canalizar las fuerzas políticas que se necesitan para unificar los mercados financieros y ponerlos en condiciones de atraer inversiones, con el fin de dirigirlas a la misión más importante de esta legislatura: mantener viva la transición y darle la fuerza necesaria para ponerla en práctica, evitando consecuencias sociales negativas y gestionando las fricciones políticas.

Durante la elaboración del informe tuve la oportunidad de profundizar en estas cuestiones con quien, sin saberlo, asumiría posteriormente el cargo de comisaria europea de Transición Limpia, Equitativa y Competitiva, Teresa Ribera Rodríguez, por entonces ministra de Transición Ecológica y Reto Demográfico en el Gobierno de España.

La transición es vital para nuestro futuro. Ha sido la decisión más clarividente y madura de los últimos años. La intuición de ligar estrechamente la financiación de la sostenibilidad y completar el mercado interior me llega precisamente en París, la ciudad de la COP21 y de las ambiciosas metas en la lucha por el cambio climático fijadas en los acuerdos de 2015. Asistí a esta cumbre y recuerdo las expectativas y el legítimo sentido de urgencia de mis estudiantes que siguieron la conferencia, así como de muchos jóvenes que confiaban en este evento con renovada esperanza. Hoy, porque no podemos decepcionarlos, lo que primero debemos admitir es que es costosa, tanto política como económicamente.

El mejor análisis, el más certero y el más completo lo han hecho los economistas Jean Pisani-Ferry y Selma Mahfouz en su informe de 2023 *Les Incidences économiques de l'action pour le climat* (Los impactos económicos de la acción climática). Los datos son inequívocos: la transición requerirá inversiones adicionales por una cifra equivalente al 2% del PIB europeo cada año hasta 2030. En una magnífica ponencia presentada en el seminario organizado por el Instituto Jacques Delors en París, Pisani-Ferry desarrolló sus argumentos contundentemente y encontró la clave para describir de la mejor manera posible el vínculo entre el mercado único de los servicios financieros y precisamente la gestión de las transiciones.

Voy a procurar sintetizar algunos pasajes de un razonamiento que me convence plenamente. La transición será una operación costosa, compleja y absolutamente necesaria. Pero no hay acuerdo entre los Estados miembros sobre cómo financiarla. Se discute y probablemente se discutirá durante mucho tiempo, pero por ahora no se entrevé un denominador común, un compromiso sostenible entre las diversas opiniones en liza. La creación de un mercado único de los servicios financieros eficiente en Europa que intervenga para costear la transición puede ser la solución. Por otra parte, es quizá el único modo de que la transición reciba importantes flujos de financiación pública común. Flujos que por ahora parecen poco probables tras la finalización del plan Next Generation EU en 2026.

Sobre este punto es importante no esconder la verdad. La posición de los países del norte de Europa, con Alemania y Países Bajos a la cabeza, es hoy inamovible. Estos Estados son reacios a participar en nuevas cofinanciaciones, eurobonos y deuda común, después de haber aceptado, debido a la pandemia, la operación extraordinaria —«una vez en la vida», han dicho repetidamente varios de mis interlocutores en La Haya, Berlín y Estocolmo— de los 750.000 millones de euros del plan para relanzar Europa, casi la mitad de los cuales han sido destinados a Italia y a España.

Para sortear esta resistencia y abrir un debate constructivo sobre las formas de financiación común europea, orientadas a aliviar el peso de las transformaciones que nos esperan y para amortiguar las inevitables repercusiones sociales, se necesita una base creíble de financiación privada interesada en apoyar la transición. Como argumentaron el gobernador de Bankitalia, Fabio Panetta, y el entonces gobernador del Banco de España, Pablo Hernández de Cos, hay un gran potencial de recursos privados europeos que, con un verdadero mercado financiero integrado a escala comunitaria, encontrarían el camino para permanecer en Europa en vez de irse a Estados Unidos, como hacen hoy, impulsados por un mercado americano mucho más atractivo para financiar y sostener la economía estadounidense. Es aquí donde reside una de las piedras angulares de toda la operación. Se calcula que cada año en torno a unos 300.000 millones de euros de ahorro europeo no se quedan en Europa a causa de la escasa eficacia de nuestro mercado financiero. Estos recursos serían cruciales para iniciar el desarrollo de la transición verde, justa y digital. Estos recursos deben quedarse en la UE.

Evidentemente, para alcanzar este objetivo, la condición es que sea rentable permanecer en Europa, gracias a la existencia de un mercado atractivo y eficaz. Además, el impulso generado por este proceso sería doble. Por una parte, gracias al objetivo de financiar la transición verde, justa y digital, como se ha dicho, se crearían las condiciones para movilizar las energías necesarias para lograr esta integración de los servicios financieros del mercado único que aún no se han logrado, también por la falta de objetivos políticos convincentes. Por otra parte, gracias a la creación de una base de recursos privados orientados a financiar la transición, se cumpliría una de las condiciones clave para desbloquear la voluntad política esencial para movilizar recursos públicos europeos que financien la transición.

Esta es la verdadera cuestión que se esconde detrás la creación de la Unión de Ahorros e Inversiones, es decir, de aquello que hasta ahora ha sido el objetivo más difícil de alcanzar desde que Jacques Delors hizo que los Estados miembros aprobaran el Acta Única, iniciando así el recorrido de plena integración de las cuatro libertades. La decisión de Ursula von der Leyen de nombrar en su segundo mandato a una comisaria europea para los Servicios Financieros y para la Unión de Ahorros e Inversiones, la portuguesa Maria Luís Albuquerque, y también de confiar la supervisión del expediente a la vicepresidenta ejecutiva encargada de la Prosperidad y la Estrategia Industrial, Stéphane Séjourné, abre así un camino que, por tortuoso que sea, Europa no puede permitirse el lujo de no recorrer.

13

El único tren de alta velocidad en el eje París-Bruselas-Ámsterdam

Si existe un mercado único y si Europa es campeona del mundo en ecología, ¿por qué no se puede viajar en tren de alta velocidad entre las capitales europeas?

Esta cuestión también forma parte de la serie «nuestras grandes contradicciones». Tengo en mente esta pregunta, con sus consiguientes y llamativas incoherencias, desde que comencé a planificar el viaje para redactar el informe.

Ya he comentado en varias ocasiones que las conclusiones del informe son el resultado de un amplio y valioso intercambio de opiniones realizado a lo largo y ancho del continente. Que esta experiencia colectiva, basada en la participación y la escucha, ha sido también una ocasión para entender mejor la geografía europea y su influencia en dinámicas concretas de la integración se adivina fácilmente, aunque, bien mirado, es un asunto que se recuerda poco cuando se habla de mercado único y de la interdependencia entre nuestros sistemas de desarrollo. ¿Cuánto pesan las distancias, las peculiaridades de los países y entre territorios dentro de los distintos Estados miembros en la construcción de la identidad y del sentido de pertenencia a esta nueva Europa, cada vez más amplia y compleja, interrelacionada y, sin embargo, accidentada y conectada físicamente de manera irregular y discontinua?

Sin el viaje, como hemos visto, no hubiera habido informe, porque me habría faltado la parte fundamental de la escucha y el debate común que, en cambio, me ha iluminado en muchos aspectos que de entrada no tenía del todo claros. Y naturalmente no habría sido posible cumplir la misión que se me había encomendado sin visitar los Estados miembros y escuchar «sobre el terreno» las posiciones, las ideas y las reacciones de unos y otros.

El viaje resultó, pues, una fuente de reflexión, gracias al método que elegimos para preparar las conclusiones del informe. Al mismo tiempo, los viajes también han demostrado ser la forma más efectiva e inmediata de explorar la cuestión de la movilidad material en una era en la que parecen prevalecer los datos intangibles, inmateriales y virtuales.

Desde luego, la primera y poco reconfortante conclusión que podemos extraer es que hoy, después de treinta años de mercado único y del establecimiento de la libre circulación de personas, un viaje como el mío solo ha sido posible gracias a los desplazamientos aéreos y no por tren, como me habría gustado. Esa es la gran contradicción con la que se abre el capítulo.

La Europa que apunta a la transición verde y ejerce en este punto un indiscutible liderazgo global carece de una línea ferroviaria de alta velocidad que una todas las capitales. En el caso de las autopistas, la red única está casi completa; en el de los trenes, estamos muy lejos del objetivo. Esta contradicción arroja una conclusión, muy reveladora desde el punto de vista político, de las dinámicas que articulan las decisiones europeas. La alta velocidad no conecta las capitales y no atraviesa las fronteras entre un Estado miembro y otro, pero existe en casi todos los lugares del interior de los países. Desde hace tiempo, ir de Barcelona a Madrid, de París a Lyon o de Nápoles a Milán se puede hacer rápida y eficientemente.

El problema es que, como ocurre en muchos sectores de la economía europea, la dimensión nacional no se articula con la de cada uno de los otros Estados en un marco europeo armonioso. Cada uno ha ido por su cuenta, y al final las únicas grandes ciudades europeas conectadas entre sí en tren, de una forma moderna y rápida, son París, Bruselas y Ámsterdam mediante la línea gestionada por Eurostar. La misma línea que, paradójicamente, conecta de forma veloz y organizada estas tres grandes ciudades con Londres, aunque esta última ha decidido separarse de la Unión tras el Brexit. En el resto de Europa hace falta coger el avión para llegar rápidamente a las otras capitales. Sobre todo, el tren sigue siendo un excelente medio de transporte para que los jóvenes de diecinueve años apenas cumplidos puedan descubrir Europa gracias al Interrail. Hermoso, cierto, pero evidentemente insuficiente.

He aquí por qué, en el Consejo Europeo y en el informe, he propuesto un ambicioso plan de inversiones para que todas las capitales europeas estén conectadas entre ellas mediante la alta velocidad en el año decisivo de 2035, momento fijado para pasar definitivamente al coche eléctrico. Pero, en general, el informe presenta medidas específicas para cada sistema de transporte, del marítimo al aéreo pasando por la movilidad urbana, con el objetivo de desarrollar un verdadero sistema europeo de movilidad integrada. Porque lo que es seguro es que la creación de un verdadero mercado único del sector de los transportes es un objetivo que Europa no ha logrado alcanzar a día de hoy. No solo respecto a los ferrocarriles, sino también en cuanto a las vías navegables interiores, las rutas marítimas de corta distancia y las carreteras que conectan los nodos urbanos, los puertos y los aeropuertos. Para conseguir este objetivo, más allá de las distintas medidas que se incluyen en el informe, es indispensable trabajar, con paciencia, en la uniformidad de las normas, en el intercambio de los procedimientos y en una verdadera puesta en común de las prácticas.

Siempre desde una óptica de sostenibilidad, los vehículos eléctricos deben poder circular en condiciones óptimas y similares por todo el territorio europeo, y ello requiere trabajar en las infraestructuras de recarga, hoy distribuidas de manera no uniforme, no solo entre los diversos Estados, sino también en el interior de los países, donde persisten disparidades objetivas entre las distintas regiones. Basta con pensar en las dificultades que han surgido en este sentido en el sur de Italia o en zonas del interior de España.

Se trata también de una manera de «ser verde» y de «crear mercado único» al mismo tiempo, garantizando la coherencia entre los objetivos establecidos en teoría y las decisiones concretas que afectan a la vida cotidiana de los ciudadanos europeos, y evitando que sean cuestionados por quienes critican a Europa. Una oportunidad estratégica para lanzar una importante inversión que cree empleo, apoye el desarrollo de sistemas territoriales, favorezca la movilidad sostenible y dé, finalmente, pleno sentido a la libre circulación de personas y mercancías en todo el territorio de la Europa unida.

14
Partir desde Val Duchesse y el diálogo social

La democracia europea está bajo presión. Solo todos juntos, mediante el diálogo social y la concertación, podemos protegerla y reforzarla.

Atravieso en la Villette, París, la puerta de entrada de la CFDT (Confédération Française Démocratique du Travail) para conocer a la secretaria general, Marylise Léon, y a los directivos del que hoy es el principal sindicato francés. Es precisamente a partir de aquí, del compromiso sindical, desde donde el joven Delors inició el extraordinario viaje que lo llevaría a Bruselas, al nacimiento de la Europa de los ciudadanos y a la creación del mercado único y del euro.

Una etapa importante de su trabajo como presidente de la Comisión fue la creación del diálogo social europeo. Delors se convierte en presidente de la Comisión el 1 de enero de 1985 y solo pocas semanas después convoca en Val Duchesse, a las puertas de la capital belga, a los sindicatos, las organizaciones patronales y las asociaciones, para que acudan a la primera gran cumbre europea con todos los agentes sociales. Así nace el diálogo social, que se convierte en una referencia y un instrumento esencial para la integración europea. Delors, gracias a su experiencia personal en el trabajo asociativo, consigue movilizar energías y la colaboración de los representantes de los trabajadores y de las empresas. Con el tiempo, todos acaban movilizándose: las asociaciones de empresarios, pequeños y grandes; los sindicatos, por supuesto, y la sociedad civil, los ecologistas y los representantes de los consumidores.

A lo largo de las décadas, esa experiencia ha nutrido todo impulso hacia la inclusión social y el fortalecimiento de la intermediación. Un empuje que, pese a muchos vaivenes, ha conseguido llegar hasta nuestros días y encontrar una renovada centralidad. De hecho, casi cuarenta años después de aquel encuentro, y a pesar de que el escenario ha cambiado profundamente en Europa, el «espíritu de Val Duchesse» vuelve a estar en primer plano para realizar un gran llamamiento a la movilización.

En 2024 se celebró en la misma ciudad belga una nueva cumbre sobre el diálogo social, por iniciativa de Ursula von der Leyen y del comisario de Asuntos Sociales, Nicolas Schmit, y con el apoyo de la presidencia semestral belga del Consejo y, en particular, del primer ministro, Alexander De Croo, y de su adjunto, Pierre-Yves Dermagne. La nueva declaración de Val Duchesse del 31 de enero de 2024 y las conclusiones de la Cumbre Social de La Hulpe (Bélgica) del 16 de abril de 2024 marcan oficialmente el relanzamiento del diálogo social y del método Delors. Los problemas, las dudas y las reticencias no faltan, pero, tras años de estancamiento, el diálogo social vuelve a adquirir protagonismo.

¿Tendrá una continuación? Dependerá de los actores principales y de su capacidad de traducir las declaraciones de principio y los compromisos asumidos en actos concretos, en vez de dejarlos en letra muerta. Y dependerá, obviamente, tanto de las instituciones —la nueva Comisión y el nuevo Parlamento, en primer lugar— como de los agentes sociales europeos, que deberán decidir si invertir o no en este proceso. Con seguridad, para Delors la inversión fue positiva, afortunada. Tomó una decisión con visión de futuro y obtuvo sus frutos

Hoy, los líderes europeos tienen la misma oportunidad. Ahora como entonces, el camino no es más directo ni más fácil. A mediados de los años ochenta el diálogo social se llevaba a cabo a nivel nacional, pero proyectarlo también a la dimensión europea parecía una quimera. Unir historias diversas, lenguas, tradiciones y experiencias a menudo muy alejadas entre sí costaba esfuerzo y mucha paciencia. ¿Cómo encontrar un rasgo común entre las directrices adoptadas en Italia, en España o en Francia, por ejemplo, y las danesas o las británicas? Delors lo intentó y lo consiguió, traspasando los prejuicios y la pereza intelectual.

Es una lección de tenacidad que evidentemente sirve para los desafíos actuales. Con un nuevo elemento de complicación que debe tenerse en cuenta: estamos en la era de la desintermediación. Si en 1985, cuando no existían internet ni las redes sociales, era difícil, imaginémonos hoy. Sin embargo, el diálogo social —que ha sido indudablemente una de las razones del éxito del mercado único— podría ser una carta más que jugar para adaptarse a los cambios ligados a la horizontalidad de las relaciones y a todos los procesos de la vida asociativa.

Hoy, por lo demás, mientras la demanda de sentido y de implicación es más fuerte que nunca, la democracia de corte tradicional está bajo presión y necesita ser reforzada mediante formas de participación cada vez más pronunciadas. En este escenario, quienes creen en un modelo europeo de democracia y de desarrollo tienen una tarea adicional: demostrar que, precisamente con la democracia y la participación, la economía crece de modo más sostenible y la sociedad es más fuerte y más inclusiva. Exactamente al revés de la creencia común que, ni siquiera demasiado discretamente, parece actuar para corroer la confianza de nuestros ciudadanos, propagando la ilusión de que los regímenes que comprimen los espacios de libertad garantizan prestaciones más eficientes, mayor dinamismo del crecimiento y más incentivos a la innovación. Es el gran engaño de esta época: un fraude. Y la tarea de la Europa de mañana es demostrar con hechos que es un engaño y que la UE de los valores democráticos y del Estado de derecho es también un lugar de eficiencia, de sostenibilidad y de crecimiento inclusivo.

Por eso, también por eso, he elegido un título para el informe que evoca un vínculo entre el mercado único y una representación más compleja de Europa: derechos y prosperidad, desarrollo generalizado y oportunidades. *Mucho más que un mercado* alude a un desafío global del que nosotros, en cuanto europeos, somos protagonistas, precisamente a partir de nuestros valores. Valores de los que debemos estar orgullosos y que, sobre todo, deben inspirar nuestros comportamientos. En este sentido, el viaje ha sido también una gran experiencia de diálogo social europeo. Lo empecé precisamente reuniéndome con todos los agentes sociales: trabajadores, emprendedores, profesionales, artesanos y el mundo de las cooperativas. Primero en Estocolmo y Helsinki, luego en Bruselas, Madrid y París. Por doquier, aunque con matices diversos, la percepción ha sido sistemáticamente doble: gran potencial y enorme debilidad.

Como decía, la intermediación está en crisis en todo Occidente, es difícil no darse cuenta de que es estructural. Las causas son muchas. En algunos casos ya hemos hablado de ellas a propósito de las propuestas de acción que incluye el informe. Por ejemplo, hemos visto cómo la farragosidad de los procedimientos burocráticos compromete los procesos económicos y genera una demanda apremiante de aceleración y simplificación. A Europa también se le pide rapidez: velocidad, prontitud y facilidad. De norte a sur, independientemente de las peculiaridades de las distintas zonas visitadas. De Amberes a Barcelona, de Varsovia a Dublín, la primera demanda era cambiar el ritmo y alcanzar la misma velocidad que hoy son capaces de conseguir otros sistemas.

Precisamente la comparación con otras partes del mundo, en las cuales se ha conseguido digitalizar e invertir en innovación de forma más intensiva que en Europa, está creando una confusión muy compleja de gestionar para las instituciones nacionales de los distintos Estados miembros y aún más frustrante para las instituciones europeas. Muchos, demasiados a veces, consideran que el diálogo social es un lujo inútil que ya no podemos permitirnos. A menudo, este ha sido el resumen de las conversaciones que he mantenido. Sin embargo, precisamente por haber querido vivir esta experiencia como un ejercicio colectivo, fruto ante todo de un profundo diálogo social, también he podido ver la otra cara de la moneda: las posibilidades latentes, la vivacidad de nuestras sociedades, la pluralidad de experiencias y estímulos que pueden y deben transformarse en una ventaja competitiva para el conjunto de Europa. De estas experiencias y sugerencias he extraído ese sentido de urgencia que quería trasladar a las reflexiones y a las propuestas del informe.

Ha sido así para los emprendedores, los sindicalistas y los representantes del mundo financiero y asociativo. De cada uno de ellos he recogido una propuesta, un dato, una preocupación, un matiz. A veces, más que de un evento público oficial, han podido surgir en una cena y con una copa de vino al margen de la reunión. Sí, porque el viaje ha sido también una forma de aprender más y compartir hábitos, consumos y sociabilidad. Así como, para tener un panorama completo de los problemas, fue fundamental acudir físicamente a lugares que generalmente están fuera de los circuitos de las misiones institucionales, por ejemplo, la fábrica en los canales del puerto de Amberes, o entre los albañiles en la sede de su sindicato, para hablar en concreto de la cuestión de la seguridad en el trabajo, de las subcontrataciones y de la competencia desleal por ofrecer el precio más bajo.

Esta es, en definitiva, la esencia del diálogo social. Todo está ahí. Está el principio de la representación y el de la escucha, está la atención al papel de los territorios y el fundamental respeto del principio de subsidiaridad. Sin diálogo social no hay crecimiento inclusivo, no hay sostenibilidad. Sin él, solo hay atajos y un simulacro de eficiencia y de toma de decisiones que a la larga no soporta la prueba de la complejidad del mundo en el que vivimos.

La Cumbre de La Hulpe de abril de 2024, en particular, ha reconfirmado el enorme potencial del diálogo social. Entre todos, la intervención de Enrico Giovannini —otro italiano, junto a Mario Draghi y el que suscribe, nombrado por la Comisión y por la presidencia belga para introducir ideas nuevas en los proyectos europeos del próximo quinquenio—, supo convencer, durante los dos días que duró la cumbre, a los responsables políticos y a los expertos de la importancia de una evaluación correcta del impacto social de las inversiones.

El informe contiene numerosas sugerencias, ideas y comentarios que surgieron precisamente gracias a este método. Para mí ha sido una novedad; en muchísimas circunstancias en Italia, en los diferentes papeles que he desempeñado, he vivido la experiencia de la consulta: por un lado, como un deber institucional, por el otro, con la convicción de que la comparación y la escucha son el camino correcto. Nunca, en cambio, había tenido la apasionante experiencia de confrontar las diversas formas de interpretar el diálogo social en Europa. Y tampoco de comprender lo frustrante que es la experiencia sobre el terreno para los distintos agentes involucrados. Lo he entendido hablando con los empresarios tanto en Viena como en Vilna, en Gante como en Vigo. Pero lo entendí sobre todo en la Asamblea de la Confederación Europea de Sindicatos (ETUC) en Bruselas, cuando, delante de los representantes de todos los sindicatos nacionales, pregunté quién estaba verdaderamente satisfecho, o al menos no del todo descontento, de la experiencia del diálogo social en su país. Entre toda la asistencia, solo una mano alzada, la de la sindicalista sueca. Los demás delegados más bien parecían buscar una nueva fase, una nueva vía de trabajo para relanzar el papel y la esencia misma de la intermediación social. El informe quiere contribuir, en el fondo y en el método, a esta investigación.

15
Jacques Delors en siete lecciones

Inmediatamente después de haber sido nombrado presidente de la Comisión Europea, en 1985, Jacques Delors fue invitado por François Mitterrand al Elíseo. Acudió acompañado por su brazo derecho y jefe de gabinete de aquellos diez fantásticos años en Bruselas, Pascal Lamy. A su llegada al palacio presidencial vio la gran pompa del ceremonial y el grupo de soldados que prestaba honores militares; el ambiente era el de los grandes acontecimientos. Dijo a Lamy: «Mira, debe de haber algún jefe de Estado de visita, entremos por el acceso lateral».

Por supuesto, no había ningún jefe de Estado de visita y todos los honores eran para él, el primer francés que ocupaba el cargo de presidente de la Comisión desde el punto de inflexión de 1979, año en el que el Parlamento Europeo se constituyó por elección directa. El sabroso relato de Lamy es la mejor fotografía para delinear los rasgos de la personalidad de Delors, su disponibilidad hacia los demás, su discreción. Una modestia que nunca se transformó en condescendencia; al contrario, en él, esta cualidad, según aquellos que trabajaron a su lado, se traducía en la más fuerte determinación que se pudiera imaginar, en un rigor metodológico basado en el diálogo y en la comprensión atenta de los fenómenos y de las causas que los originan.

Tuve el privilegio de conocerlo en los últimos años de su vida y, como he contado en el primer capítulo, también la oportunidad de frecuentarlo periódicamente desde que me convertí en presidente del Instituto que lleva su nombre en París. Fue un auténtico honor reunirme con él, intercambiar ideas sobre el presente y el futuro, y escuchar sus relatos sobre episodios del pasado y la reconstrucción de acontecimientos clave de la historia europea.

Fue una oportunidad a la que siempre estaré agradecido. Muchísimas veces, en el curso del viaje por Europa para preparar el informe, he recordado un episodio, un concepto, una simple broma de aquellos encuentros por la tarde en rue Saint-Jacques. Y muy a menudo he percibido en mis interlocutores la necesidad o la esperanza de poderse aferrar a una referencia, a una enseñanza, a un indicio sobre qué habría hecho o dicho hoy Delors frente a los terribles desafíos que debe afrontar Europa.

Recuerdo, ahora que ya no está entre nosotros, cómo me lo describieron y cómo llegué a conocerle. Y reflexiono sobre el tipo de político y estadista que fue y que siempre impresiona a quienes miran a Europa y la política con el espíritu de servicio y de dedicación que caracterizaron su vida. Intento sintetizar aquí los numerosos rasgos del polifacético liderazgo de Delors en siete conceptos clave, verdaderas lecciones de su método, que pueden revelarse extremadamente valiosas hoy en día.

En primer lugar, me viene a la mente lo que él, en contra de tanta retórica posterior, entendía a propósito de la prevalencia del «nosotros» respecto del «yo». Esta es, por tanto, la primera lección: su «nosotros» era el símbolo de un compromiso civil incansable, que se explicitaba conjuntamente como método y como contenido. Pensaba que la personalización llevada al exceso era estructuralmente contraria a la persecución del bien común, y que debía prevalecer el sentido colectivo y de comunidad. El «nosotros» de Delors no es una estratagema para seducir a los interlocutores o al público, no es falsa modestia, no es hipocresía. Es exactamente lo contrario: es la aproximación más eficaz para llegar a las mejores soluciones, porque detrás está el principio del respeto y de la tolerancia.

Precisamente el respeto y la tolerancia constituyen la segunda y la tercera lecciones del método Delors y, bien mirado, son los dos valores que más moldean la idea comunitaria, aquellas en virtud de las cuales son posibles la convivencia y la paz en este pequeño trozo de tierra que es Europa. ¿Cómo haríamos si no prevalecieran el respeto y la tolerancia? ¿Existiría una Europa unida? Yo creo que no.

El respeto hacia los demás —aquellos que están junto a nosotros, más allá de la frontera nacional o incluso dentro de las nuestras— significa comprender a las personas y a los pueblos, la actitud de no conformarse con el estereotipo y los atajos que, inevitablemente, empujan hacia el enfrentamiento y el conflicto. Pero respeto quiere decir también paciencia y disponibilidad, quiere decir darse tiempo para entender quién es, de verdad, el otro y qué hay detrás de lo que dice o de lo que aparenta. Respeto quiere decir, en fin, saber que lo que soy es fruto de una serie infinita de casualidades, empezando por la tierra en la que he nacido y por la sangre que corre por mis venas. Y estas casualidades poco tienen que ver con mi mérito y mi compromiso.

¿Quién sería yo si en vez de en Pisa hubiera nacido en un campo de refugiados en Gaza? Pero el respeto por sí solo no es suficiente. Sin una empatía real, puede traducirse en frialdad o en distanciamiento. De aquí la necesidad de acompañarlo con la tolerancia. Os respeto no solo porque las reglas o la educación o la etiqueta me imponen hacerlo, sino porque estoy convencido de que podemos y debemos convivir, y que nuestra Europa no puede ser una sucesión de compartimentos estancos. Experimentamos y practicamos la tolerancia porque es la única vía para la coexistencia pacífica y, sobre todo, la única posibilidad de crecimiento basada en la participación de todos, cada uno según sus propias características y responsabilidades.

Pero todo esto no puede producir resultados duraderos y sólidos si detrás no hay una voluntad real de entender al otro. Y para comprender al otro primero hace falta escuchar, nuestra cuarta lección. Delors escuchó y preguntó. Con gran curiosidad e interés por el interlocutor que tenía delante. Él, que por su talla intelectual y profundidad, habría podido imponer a sus interlocutores un silencio respetuoso, evitaba hablar de sí mismo, a menos que se le pidiera explícitamente que lo hiciera. Omito mencionar los nombres de grandes, o supuestamente, grandes figuras políticas que he conocido durante mi vida, cuyo interés en una conversación solo se despierta cuando encuentran la oportunidad de hablar de sí mismos y de lo que han logrado. Otra pasta.

Sobre esta base —y paso a la quinta lección— no es sorprendente que el liderazgo de Delors se haya expandido de manera horizontal, como resultado de un gran esfuerzo colectivo, con una extraordinaria voluntad de sacar lo mejor de cada uno, ya fueran sus comisarios o sus colaboradores. Y ciertamente era correspondido por quienes reconocieron la fuerza y el poder de un método que era en sí mismo contenido. Además, sus comisarios, sus colaboradores y sus amigos, todas las personas que he tenido ocasión de conocer y de apreciar a lo largo del tiempo por su rigor moral, su competencia y su pasión ciudadana, eran muy parecidos a él.

Son historias a menudo desconocidas e increíbles, como la de Étienne Davignon, el comisario belga que acompañó a Delors en su descubrimiento de Bruselas y de las instituciones europeas, ámbitos que, por otra parte, dominaba desde hacía tiempo. Precisamente Davignon había sido considerado y casi designado como presidente de la Comisión para el mandato del que luego, en el último momento, por iniciativa de Helmut Kohl, fue encargado el mismo Delors. Quién sabe qué hubiera hecho otra persona en su lugar. Davignon, en cambio, dijo que se haría inmediatamente a un lado frente a Delors, porque reconocía en su liderazgo la utilidad y la fuerza indispensables para la misión de relanzar la Europa unida. Permaneció a su lado, apoyándolo día tras día, en aquella extraordinaria revolución amable que fue el mercado de las cuatro libertades. En la práctica, fueron dos rivales para un cargo muy prestigioso que se convirtieron en amigos inseparables. Una amistad de la que Davignon hizo un relato apasionante en Bruselas, en el Berlaymont, en la noche de la ceremonia oficial de homenaje a Delors, tras su muerte, con anécdotas serias salpimentadas por el recuerdo de aquellos domingos en el estadio, los dos apasionados del fútbol durante «los años dorados del gran Anderlecht y silbando al árbitro cuando era necesario».

Pero, junto a estos rasgos de amabilidad y respeto, Delors era también el hombre competente, atento a los detalles y al rigor antes de tomar cualquier decisión. Sobre todo —y he aquí la sexta lección—, era el hombre de la ejecución, de la aplicación de las decisiones. Sin pedantería, sino con un profundo sentido del deber y, en particular, con la necesidad de llevar hasta el final la ejecución de las decisiones tomadas. Él era el que tenía el «destornillador» y la toma de tierra. Cada vez que me preguntaba qué hacíamos en el Instituto, examinaba todos los detalles y, sobre todo, quería estar seguro de que lo que estábamos haciendo podía lograr concreta y enteramente los objetivos prefijados. En su modo de hacer no había acomodo ni conveniencia. Siempre y solo la convicción de que, una vez tomada la decisión, el trabajo no estaba terminado, solo estaba a medio hacer, porque, después, vendrían la adopción y la implementación, tan importantes como todas las fases preliminares.

He intentado calibrar estas enseñanzas suyas al escribir la parte del informe dedicada a la aplicación concreta, a la implementación de las decisiones.

Como se desprende del texto, se trata de una de las mayores críticas a la Europa actual: la incapacidad de transponer hasta el final, en la realidad de los ciudadanos, en su vida concreta de cada día, las decisiones tomadas por las instituciones es un problema crucial que necesita una respuesta orgánica. Hemos procurado indicar algunas vías de intervención. Resumir aquí todo Delors en siete pistas de reflexión es una tarea obviamente ímproba, por no decir imposible. Recuerdo todas las lecciones aprendidas y los relatos de su vida, incluso aquellas basadas en las decepciones de la política nacional, no carentes de amarguras y de consecuencias. Pero nada puede compararse con su poderoso mensaje a favor de una política valiente y decidida, coherente con los principios, intachable en sus comportamientos.

Una política capaz de relanzarse en cualquier momento, incluso después de un revés, de capitalizar las dificultades encontradas para transformarlas en oportunidades. Esta es su séptima lección, quizá la que más se proyecta hacia el futuro. Gracias a este ejemplo, a lo largo de los años hemos querido crear vías de formación para jóvenes apasionados por Europa mediante la creación en Roma de la Escuela de Política, en honor de Nino Andreatta, y en París de la Academia Notre Europe, que lleva el nombre de Jacques Delors.

Dos grandísimos constructores de Europa y servidores del bien común que inspiran una formación gratuita destinada a estudiantes de todas las procedencias sociales e intereses profesionales. Los cursos están pensados para acercar la UE también y, sobre todo, a las personas que no son expertas o que ni imaginan convertirse en profesionales de la materia. Jóvenes que tienen intereses diversos —son muchos los aspirantes a ser médicos, músicos o arquitectos—, pero que en durante casi una década han demostrado que están animados por una auténtica pasión por los asuntos públicos.

La escuela en Roma nació en 2015 y la de París, en 2017. De estas exitosas experiencias nació una tercera igualmente ilusionante en Barcelona, la Academia Europea Leadership, fundada y dirigida por Josep Antoni Duran i Lleida. Tienen en común, además de algunos aspectos organizativos y la proyección europea, el vínculo con las raíces, la profundización de los valores de referencia y la fijación de los puntos cardinales de la brújula. Entre estos puntos se encuentra sin duda el gran desafío del Estado de derecho, que parece estar en discusión en muchas partes, dentro y fuera de la UE. Con el paso de los años, la Comisión ha empezado a actuar con creciente conciencia y determinación. Los casos de

Hungría y Polonia, así como los de Eslovaquia y de otros Estados miembros, han sido y son objeto de iniciativas comunitarias cada vez más apremiantes.

Sin embargo, como atestiguan a su manera estas experiencias educativas, los valores democráticos y de libertad y justicia pueden ser reforzados también desde abajo y, sobre todo, a partir de las nuevas generaciones. Con mayor razón tiene sentido hacerlo, si se consigue mantener vivo el nexo de transmisión con quienes concibieron y construyeron Europa paso a paso.

En lo que a mí concierne, las tardes de la rue Saint-Jacques con Delors fueron la ocasión para concienciarme plenamente de un hecho: los logros que nos permiten vivir mejor y disfrutar al máximo de la belleza de nuestro extraordinario continente —tal como ocurre con el mercado único— no han nacido como plantas espontáneas, no son previsibles, no siempre han existido. Antes de Delors no estaban. El esfuerzo por realizarlas ha sido extraordinario, como único y excepcional es el hecho de poder experimentarlas hoy. No debemos darlas por descontado y tenemos que garantizar que los jóvenes tampoco lo hagan. Nuestra tarea, la tarea de quienes aman Europa, es relanzar cada día esas conquistas encontrando siempre nuevas motivaciones y sin cansarnos nunca de defenderlas, valorizarlas y actualizarlas.

SEGUNDA PARTE

SÍNTESIS DEL INFORME
MUCHO MÁS QUE UN MERCADO

I
Un nuevo mercado único para un mundo más grande

El mercado único es el producto de una época en la que la vieja Europa y el mundo eran más «pequeños», más sencillos y estaban menos integrados, además de que muchos de los protagonistas actuales aún no habían entrado en escena. Cuando Jacques Delors concibió y presentó el mercado Único, en 1985, la Unión aún era Comunidad. El número de Estados miembros era inferior a la mitad del actual. Había dos Alemanias y existía la Unión Soviética. China e India juntas representaban menos del 5 % de la economía mundial y el acrónimo BRICS no existía. Europa, como Estados Unidos, era el centro de la economía mundial en términos de peso económico y de capacidad de innovación, y representaba un terreno fértil para el desarrollo y el crecimiento.

El mercado único se creó para reforzar la integración europea, eliminando las barreras comerciales, garantizando una competencia leal y promoviendo la cooperación y la solidaridad entre los Estados miembros. Ha hecho posible la libre circulación de bienes, servicios, personas y capitales mediante la armonización y el reconocimiento mutuo. Además, para garantizar que todas las regiones pudieran beneficiarse por igual de las oportunidades del mercado, se introdujeron los fondos de cohesión. Este enfoque integral fue fundamental para promover la integración económica y el desarrollo de toda la UE. Pensado para el mundo de entonces, el mercado único demostró ser desde el principio un formidable catalizador para la economía europea, además de un poderoso factor de atracción.

En la actualidad, más de treinta años después de su nacimiento, el mercado único continúa siendo un hito de la integración y de los valores europeos, y representa un motor para el crecimiento, la prosperidad y la solidaridad. Sin embargo, a lo largo de las décadas, el escenario internacional se ha transformado profundamente, imponiendo la necesidad de realizar un cambio. Lejos de ser solo una herramienta de naturaleza técnica, el proyecto es intrínsecamente político. Su futuro está, pues, vinculado a los objetivos estratégicos de la UE y al contexto en el que esta actúa. Por tanto, no puede ni debe considerarse un compromiso concluido; se trata más bien de un proyecto en marcha, que necesita urgentemente ser provisto de instrumentos y procedimientos capaces de afrontar la dinámica del mundo contemporáneo.

Precisamente por estar en continua evolución, el mercado único a menudo ha sido objeto de intentos de actualización e integración. De hecho, desde la elaboración del Acta Única Europea, se ha llevado a cabo un trabajo constante de reflexión conceptual que se ha traducido en la elaboración de informes y planes de acción, en particular por parte de la Comisión Europea y de sus comisarios. En esta línea, en 2010, el Informe Monti proporcionó una reevaluación crítica y formuló valiosas recomendaciones para su relanzamiento. Mi informe se inscribe en este continuo, con el objetivo de lograr una reforma capaz de resistir el impacto de años de crisis y de desafíos externos que han puesto a prueba la resistencia del mercado único.

Es obvio que también Europa ha cambiado radicalmente desde que se puso en marcha el mercado único, en gran medida gracias a su propio éxito. La integración ha sido exitosa en muchos sectores de la economía y de la sociedad, aunque no en todos, y el 80 % de la legislación nacional procede de las decisiones adoptadas en Bruselas. Sin embargo, con veintisiete Estados miembros, la diversidad y la complejidad del sistema jurídico vigente en Europa han aumentado de manera significativa, como también los potenciales beneficios derivados de las economías de escala. Estos avances ya no nos permiten fiarnos de la simple convergencia de las legislaciones nacionales y del reconocimiento mutuo, que se han vuelto demasiado lentos y complejos, o simplemente insuficientes, para beneficiarse de las economías de escala.

Diversos factores exigen una actualización de los puntos cardinales del mercado único y una alineación con la nueva posición de la Unión en un mundo que se ha «ampliado» y ha sufrido importantes transformaciones estructurales. En primer lugar, la demografía y el contexto geoeconómico han cambiado drásticamente en las últimas tres décadas: la cuota de la UE en la economía mundial ha disminuido y su representación entre las mayores economías mundiales se ha reducido claramente a favor del crecimiento de las economías asiáticas. Esta tendencia se debe en parte a los cambios demográficos, ya que la UE debe hacer frente a una población en retroceso y envejecida. A diferencia del crecimiento observado en otras regiones, la tasa de natalidad en el interior de la Unión Europea está cayendo de forma alarmante, con 3,8 millones de niños nacidos en 2022 frente a los 4,7 millones registrados en 2008. Además, incluso sin tener en cuenta las economías asiáticas, el mercado único de la UE está por detrás del de Estados Unidos. En 1993, las dos áreas económicas eran comparables en tamaño. Sin embargo, mientras en Estados Unidos el PIB per cápita aumentaba casi el 60 % entre 1993 y 2022, en Europa el incremento fue inferior al 30 %.

Por otra parte, las reglas que sustentaban el orden internacional han entrado en una fase nueva, caracterizada por el resurgimiento de la política de la fuerza. La Unión Europea ha estado tradicionalmente comprometida con el multilateralismo, el libre intercambio y la cooperación internacional, principios que constituyen la base de su gobernanza global y de sus estrategias económicas. Estos valores han guiado durante mucho tiempo las interacciones de la UE en el escenario internacional, promoviendo un orden basado en reglas acordes al espíritu fundacional europeo y con sus políticas públicas.

Sin embargo, desde hace años, las guerras y los conflictos comerciales han minado los principios del sistema internacional, planteando graves amenazas a la UE. La guerra de Vladímir Putin contra Ucrania ha supuesto una fractura, una fractura después de la cual nada volverá a ser igual. La nueva postura europea se concretó en la Declaración de Versalles de marzo de 2022, seguida luego por la Declaración de Granada de octubre de 2023 y de la Estrategia de Seguridad Económica de la Comisión Europea, recientemente actualizada.

El éxito de la Unión Europea se apoya en los pilares del libre comercio y de la integración. El debilitamiento de estos ideales amenaza los fundamentos mismos de la UE. Debemos, por tanto, afrontar el complejo marco internacional con el objetivo de preservar la paz y defender el orden internacional basado en normas, garantizando, al mismo tiempo, la seguridad económica de la Unión. En este enorme esfuerzo, es esencial seguir invirtiendo en la mejora y en la promoción de los estándares europeos, fortaleciendo el papel del mercado único como una plataforma sólida que apoya la innovación, salvaguarda los intereses de los consumidores y promueve el desarrollo sostenible.

Otra dimensión crucial que hay que afrontar concierne al perímetro del mercado único. En un principio, tres sectores fueron deliberadamente excluidos del proceso de integración, que eran considerados demasiado estratégicos para que su funcionamiento y su regulación se extendieran más allá de las fronteras nacionales: las finanzas, las telecomunicaciones y la energía. Aquella exclusión estuvo basada en la convicción de que priorizar el control nacional sobre estos sectores serviría mejor a los intereses de cada país. Sin embargo, los mercados interiores, inicialmente concebidos para proteger las industrias nacionales, suponen hoy un freno importante para el crecimiento y la innovación en sectores en los que la competencia global exige una rápida transición a escala europea. Incluso dentro de su perímetro original, el mercado único necesita una revisión. Concretamente, la prestación de servicios dentro de la UE sigue encontrando obstáculos importantes que se deben abordar y eliminar para liberar todo el potencial de la integración europea.

La reforma del mercado único en el nuevo contexto global requiere un fuerte compromiso político. Esta nueva situación debe ser capaz de proteger las libertades fundamentales, en un entorno de competencia leal, y al mismo tiempo manteniendo el objetivo de crear una política industrial europea dinámica y eficaz. Para alcanzar estos ambiciosos objetivos, necesitamos velocidad, economías de escala y, sobre todo, recursos financieros suficientes.

II

Un esfuerzo colectivo para un nuevo mercado único: cuatrocientas reuniones, sesenta y cinco ciudades europeas

Durante el viaje a través de Europa que ha acompañado a la elaboración del informe, de septiembre de 2023 a abril de 2024, visité sesenta y cinco ciudades europeas y participé en más de cuatrocientas reuniones en las que tuve la oportunidad de interactuar, mediante la escucha activa y el debate abierto, con miles de personas de todo el continente. En el diálogo participaron todos los gobiernos nacionales y las principales instituciones europeas, además de todos los grupos políticos del Parlamento Europeo. Al mismo tiempo, fuera de la UE, mantuve conversaciones con los países que comparten el mercado único sin ser miembros de la UE, y con todos los candidatos a la adhesión. También consulté, a menudo varias veces, tanto a los agentes sociales —sindicatos y asociaciones empresariales— como al tercer sector, a representantes de los servicios de interés general, de los consumidores y de los grupos de la sociedad civil, en Bruselas y en las distintas capitales nacionales. Además, se organizaron numerosos encuentros con los ciudadanos y debates en las universidades o en centros de investigación, incluso en zonas interiores y rurales.

Este recorrido ha contribuido al desarrollo de una reflexión colectiva dinámica sobre el futuro del mercado único. Como autor del informe asumo, naturalmente, toda la responsabilidad de los análisis y las propuestas que contiene. Sin embargo, para formularlas, la escucha y la interacción itinerante por toda Europa han sido fundamentales.

Durante este viaje, he experimentado en primera persona la paradoja más evidente de las infraestructuras de la UE: la imposibilidad de viajar en tren de alta velocidad entre las capitales europeas. En un continente pequeño y densamente poblado como el nuestro, que además ha emprendido el camino de la sostenibilidad, habría sido natural viajar en tren, el medio de transporte verde por excelencia. Sin embargo, por el momento es imposible hacerlo, y no parece que pueda cambiar en un futuro próximo, desde el momento en que los planes operativos concretos siguen siendo solo teóricos. Se trata de una profunda contradicción, exponente de los problemas del mercado único.

De hecho, nuestro continente ha desarrollado rápida y eficientemente el sistema ferroviario de alta velocidad, pero a excepción del eje París-Bruselas-Ámsterdam, se ha mantenido en el interior de las fronteras nacionales. Ni siquiera hemos conseguido conectar las tres principales capitales europeas: Bruselas, Estrasburgo y Luxemburgo. Aunque la alta velocidad haya transformado el panorama económico y social de muchos países europeos, mejorando la movilidad y las oportunidades de desarrollo, estos beneficios no se han extendido a todo el mercado único. Esto se ha debido a la existencia de incentivos fiscales, que en general son nacionales y perjudican a los operadores internacionales. La industria está preparada y ha lanzado diversas iniciativas de éxito, pero se necesita un enfoque europeo en materia de regulación e incentivos fiscales conjuntos, en vez de nacionales. Los próximos años deberán dar prioridad a la planificación, a la financiación y a la ejecución de un gran plan para conectar las capitales europeas con el ferrocarril de alta velocidad. Este proyecto debe convertirse en uno de los pilares de la transición verde, justa y digital. Puede movilizar energías y recursos y, sobre todo, puede dar resultados graduales en beneficio no solo de las generaciones futuras, sino también de las actuales.

Las sugerencias extraídas de mi viaje por Europa han sido numerosas y motivadoras. Sin embargo, entre los muchos asuntos abordados en los debates europeos y nacionales, ha habido uno predominante en todas partes. Se trata de la cuestión de apoyar y financiar los objetivos que todos juntos hemos identificado como centrales para los próximos años y que la UE parece haber adoptado ya de manera irreversible. Se trata de tomar decisiones valientes y positivas que acompañarán la vida europea durante al menos una década y serán vitales para nosotros y para los futuros ciudadanos europeos. Estas decisiones, además de ofrecer importantes oportunidades, inevitablemente supondrán también costes significativos.

En primer lugar, el compromiso para realizar una transición verde, justa y digital. Esta elección refleja un empeño a largo plazo para transformar la sociedad y la economía europeas de manera sostenible y equitativa. Se considera que la legislatura en curso es crucial para garantizar la actuación y el éxito de esta transición.

En segundo lugar, la decisión de proseguir la ampliación. La atención no se centra solo en el objetivo en sí, sino en la cuidadosa ejecución de su puesta en marcha. Establecer una clara dirección para integrar a nuevos miembros en la UE representa uno de los principales retos para los próximos años.

En tercer lugar, la necesidad de reforzar la seguridad de la UE. En el nuevo desorden mundial, caracterizado por una inestabilidad profunda y sistemática, el futuro de la UE no puede prescindir de la obligación de garantizar la seguridad de los ciudadanos europeos. Esto implicará adoptar posiciones y tomar decisiones más comprometidas en el ámbito de la defensa.

Parece ya seguro que estas tres principales direcciones estratégicas guiarán a la UE en los próximos años. Ya no se trata de establecer si Europa seguirá estas directrices, sino de comprender cómo lo hará. Seguramente, conllevará un debate apasionante. Tuve la clara impresión de que así será tras los numerosos encuentros mantenidos durante el viaje, en los que los debates han sido muy constructivos, pero bastante intensos. Y la otra impresión que recibí es que para los ciudadanos europeos seguir este camino conllevará altos costes colectivos. Por tanto, mientras no haya claridad y transparencia sobre de dónde saldrán estos fondos y sobre quién los pagará, la preocupación entre los propios ciudadanos y entre las fuerzas vivas de nuestras sociedades será cada vez mayor. Para evitar reacciones políticas negativas, la cuestión del apoyo financiero y del reparto de los costes para la transición, la ampliación y las nuevas fronteras de la seguridad debe encontrar respuestas claras, directas y transparentes.

La construcción del mercado único será una de las condiciones clave para satisfacer estas exigencias de financiación. Mi análisis no va más allá del mandato recibido por el Consejo Europeo y la Comisión —desarrollado en el ámbito del trío presidencial belga, español y húngaro del Consejo de la UE— y pretende proporcionar una contribución lo más concreta y operativa posible a los programas de trabajo de estas instituciones y al Informe de Mario Draghi sobre el futuro de la competitividad europea.

El mercado único no es un concepto abstracto, sino la piedra angular del proceso de integración de la UE. Para desarrollar una Unión eficiente, capaz de crear las condiciones necesarias para que Europa prospere, es necesario que todos —las instituciones de la UE, los Estados miembros, las empresas, los ciudadanos, los trabajadores y la sociedad civil— desempeñen el papel que les corresponde. El fracaso de uno solo implica el fracaso de toda la cadena.

La inminente definición del marco financiero plurianual (MFP) representa un momento crítico para las ambiciosas propuestas formuladas en este informe, ya que desafía a todos los agentes a que reafirmen su compromiso con el desarrollo de un nuevo mercado único. La presente legislatura (2024-2029) ofrece una oportunidad estratégica para llevar adelante esta propuesta. Teniendo en cuenta las nuevas tendencias económicas y la competencia mundial, este período podría catalizar una transformación significativa del mercado único en un verdadero «mercado europeo», poniendo las bases para que nuestro marco económico integrado dé un salto cualitativo.

III
Una quinta libertad para un nuevo mercado único

El marco del mercado único y sus cuatro libertades —la libre circulación de personas, bienes, servicios y capitales— se basan fundamentalmente en principios teóricos del siglo XX. Hoy en día, esto resulta aún más evidente, ya que se percibe que esta clasificación ha quedado obsoleta. No puede captar los aspectos intangibles de la economía digital, ni refleja las dinámicas de un mercado en rápida evolución, cada vez más condicionado por la digitalización, la innovación y los efectos del cambio climático. Basta pensar en cómo la distinción entre bienes y servicios se ha vuelto cada vez más difusa, y a menudo son los segundos la parte integral y el verdadero valor añadido de los primeros.

En una época en la que el componente tecnológico desempeña un papel cada vez más estratégico, Europa tiene que poder mantener el ritmo de los rápidos cambios que estamos viviendo a escala global. Sin embargo, hasta ahora, el continente no ha conseguido desarrollar sectores industriales o un ecosistema capaz de aprovechar el potencial que ofrecen las nuevas generaciones de tecnologías disponibles. Esta carencia ha determinado que las industrias europeas dependan de las tecnologías desarrolladas en el exterior, que resultan ahora vitales porque son insustituibles. La dificultad de la Unión Europea para convertir el potencial que ofrece su capacidad de investigación en industrias europeas competitivas en los mercados globales se debe a diversos factores. Se necesita una política tecnológica de corte verdaderamente europeo que favorezca las enormes inversiones a largo plazo que la UE necesita para poner en marcha un desarrollo tecnológico ambicioso.

En los últimos años, la Unión Europea ha adoptado diversas normas para regular, con éxito, el sector digital. Así, ha evitado la fragmentación del mercado único —que de otro modo podría haber derivado en la creación de reglas nacionales por parte de los distintos Estados miembros— y ha proporcionado una importante defensa respecto a las influencias regulatorias extranjeras. Sin embargo, un enfoque exclusivamente normativo no puede estimular, por sí solo, la innovación que necesitamos para alcanzar nuestros objetivos. En la actualidad, la Unión Europea puede contar con un enorme capital de datos, competencias y *startups*. Pero este capital está gravemente infrautilizado. El riesgo real es que, si no lo aprovechamos nosotros, lo harán otras entidades extracomunitarias (Estados o empresas). El perjuicio para nuestra autonomía estratégica y nuestra seguridad económica sería enorme.

La inteligencia colectiva del siglo XXI tiene potencial para transformar cómo entendemos el mundo, cómo actuamos y cómo diseñamos el futuro, basándose en tecnologías que combinen los conocimientos y las competencias de los individuos con datos inéditos en términos de cantidad y calidad de información recopilada. Para alcanzar este objetivo, es fundamental estimular la innovación y fomentar el desarrollo de ecosistemas industriales a la vanguardia, capaces de crear y desarrollar en Europa empresas y entidades de relevancia global. La creación de una sólida infraestructura tecnológica europea representa un desafío estratégico que exige un cambio de gobernanza. Se trata de conferir mayor peso a una política industrial a escala europea, que trascienda a los objetivos nacionales. Es indispensable poner en práctica estrategias europeas que se caractericen por una visión común y una coordinación centralizada, capaces de atraer grandes inversiones privadas. Sin la presencia de importantes sociedades tecnológica europeas, Europa seguirá sometida a riesgos enormes en materia de seguridad.

Por tanto, es fundamental aprovechar plenamente el potencial del mercado único. Europa tiene el imperativo urgente de promover el conocimiento y la innovación, dotando a los individuos, las empresas y los Estados miembros de las competencias, las infraestructuras y las inversiones necesarias para permitir una prosperidad generalizada y un liderazgo industrial.

Hacia el final de su mandato, Jacques Delors aludió a la necesidad de explorar una nueva dimensión del mercado único. Una posible solución es añadir una quinta libertad a las cuatro existentes, para reforzar la investigación, la innovación y la formación en el mercado único. La integración de la quinta libertad refuerza su papel de piedra angular de la integración europea. Transformaría los conocimientos dispersos y las disparidades hoy existentes en cuanto a oportunidades de crecimiento, innovación e inclusión. Un ambiente competitivo para la investigación experimental y el nacimiento de nuevos modelos de negocio innovadores es esencial para maximizar el interés público y evitar la concentración en manos de unos cuantos actores privados del valor de la recopilación de datos y la elaboración de perfiles.

Por tanto, la quinta libertad no se limita a facilitar la circulación de los resultados de la investigación y de la innovación, sino que implica colocar a los catalizadores de la investigación de la innovación en el centro del marco del mercado único, promoviendo así un ecosistema en el que la difusión del conocimiento favorezca, al mismo tiempo, el crecimiento económico, el progreso social y el desarrollo cultural. La quinta libertad sostendrá, así, a la Unión Europea para posicionarse como líder global no solo en la definición de estándares éticos para la innovación y la difusión del conocimiento, sino también en el papel de creadora de nuevas tecnologías, desarrolladas y empleadas en el respeto de la libertad, la privacidad, la seguridad y en beneficio de la comunidad.

La implementación de la quinta libertad requiere un enfoque muy amplio, capaz de abarcar iniciativas políticas, inversiones en infraestructuras, marcos de cooperación entre diversos actores y un compromiso constante con la promoción de la innovación, la ciencia abierta y la alfabetización digital. El informe presenta elementos para la reflexión como propuestas concretas, que deben explorarse y profundizarse. Entre sus primeras iniciativas emblemáticas, la Comisión Europea debería desarrollar, previa consulta con todas las instituciones de la UE y los Estados miembros, un ambicioso plan de acción para delinear e implementar la quinta libertad.

Entre los sectores que más podrán beneficiarse con la institución de la quinta libertad destaca el de la sanidad. En efecto, su papel estratégico, que se puso de manifiesto dramáticamente en la pandemia, coloca a este sector en condiciones de aprovechar al máximo el nuevo marco propuesto.

Esto es aún más importante si se considera que el sector sanitario de la Unión Europea necesita urgentemente un impulso. La creciente dependencia de la UE de proveedores extranjeros de principios activos, componentes y productos farmacéuticos ha determinado una caída sustancial de la capacidad de producción europea. Además, la fuga de talentos europeos en busca de mejores oportunidades laborales está minando seriamente la capacidad de innovación de Europa también en este sector. A la luz de estos desafíos, a los que se añaden el demográfico y los que provoca un escenario de incertidumbre global, es fundamental que la UE intervenga para garantizar a todos sus ciudadanos un acceso sostenible a la asistencia sanitaria. Por tanto, se hace necesaria una mayor integración del sector sanitario en el marco del mercado único, también para aprovechar mejor las oportunidades ofrecidas por la quinta libertad.

IV
Un mercado único para jugar a lo grande

Los cambios demográficos y la reestructuración de la economía global amenazan con comprometer el papel de la Unión Europea en el mundo. Sin embargo, no es en absoluto seguro que esta limitación de su influencia sea irreversible. Con ajustes estratégicos, tenemos la posibilidad de afrontarla. La UE puede aún beneficiarse de recursos de alto impacto, pero no basta con confiar en los medios existentes. La influencia futura de Europa dependerá del rendimiento y de la evolución de sus empresas. Hoy en día, las empresas europeas sufren de un grave déficit en sus dimensiones respecto de los competidores mundiales, sobre todo Estados Unidos y China. Esta disparidad nos penaliza en numerosos ámbitos: la innovación, la productividad, la creación de puestos de trabajo y, en última instancia, la seguridad de la UE. Por tanto, es fundamental apoyar a las grandes empresas de la UE para que aumenten su tamaño y puedan ser competitivas en el escenario mundial. Esto puede permitir diversificar las cadenas de suministro, atraer inversiones exteriores, apoyar los ecosistemas de innovación y proyectar una imagen más fuerte de la UE. En definitiva, una economía próspera respaldada por empresas sólidas coloca a toda la Unión en posición de negociar acuerdos comerciales más favorables, establecer estándares internacionales y abordar con éxito crisis y desafíos globales sin precedentes.

Permitir que las empresas de la UE crezcan dentro del mercado único es un imperativo económico, pero también estratégico. Sin embargo, no todas las empresas y los mercados de la UE necesitan tener mayor dimensión. No debemos imitar modelos que difieren significativamente de los nuestros y que no encajan en la realidad europea. Debe preservarse nuestro paradigma, que se basa en el vínculo esencial entre grandes y pequeñas empresas, salvaguardando activamente la paridad de condiciones. Este modelo es una fuerza fundamental y la base de nuestra economía social de mercado. No se puede permitir que ninguna empresa crezca minando la competencia leal, que está en la base de la protección de los consumidores y del progreso económico. Al mismo tiempo, la aplicación del principio de competencia leal no debe conducir al predominio de los mercados europeos por parte de grandes empresas extranjeras que se benefician de normas favorables en sus propios mercados nacionales.

La falta de integración en los sectores financiero, energético y de las comunicaciones electrónicas es una de las principales razones del declive de la competitividad europea. Como se ha señalado anteriormente, estamos afrontando las consecuencias de decisiones tomadas cuando el mundo era «más pequeño» para mantener una orientación preferentemente nacional en estos sectores. Es urgente recuperar y reforzar la dimensión del mercado único de los servicios financieros, la energía y las comunicaciones electrónicas. Esto requiere la creación de un entorno plenamente integrado entre el nivel europeo y el nacional. Este modelo prevé una aproximación a dos niveles. De una parte, una autoridad europea centralizada que sea responsable de garantizar la coherencia de las normas que atañen al mercado único, mientras que las cuestiones que, por dimensiones o relevancia, siguen siendo nacionales deberían ser tratadas por autoridades nacionales independientes dentro de la Unión, en un marco común. Desde esta perspectiva, cada entidad debe tener un papel definitivo, puesto que una sólida colaboración entre los niveles europeo y nacional garantiza la eficacia del sistema. Los mercados en cuestión deben evolucionar hacia una dimensión europea, superando las fronteras que actualmente impiden una competencia sustancial con los conglomerados americanos, chinos e indios. Al identificar el europeo como un mercado relevante, podremos finalmente permitir que las fuerzas del mercado guíen la consolidación y el crecimiento de escala, con pleno respeto a los principios, los objetivos y las normas europeos.

Diversas decisiones clave descritas recientemente en documentos oficiales —entre otros, la declaración del Consejo de Gobierno del Banco Central Europeo (BCE) sobre el avance de la unión de los mercados de capitales, la declaración del Eurogrupo sobre el futuro de la Unión de los Mercados de Capitales y el libro blanco de la Comisión titulado *How to master Europe's digital infrastructure needs?*— están evolucionando en una dirección favorable y son objeto de un consenso creciente. Esta tendencia también se ha manifestado en las decisiones adoptadas por las instituciones europeas en materia de independencia energética y de reestructuración del mercado de la electricidad y del gas.

Para aprovechar plenamente los beneficios del mercado único en el sector de la energía, en los próximos años será necesario dar un nuevo salto cualitativo en la interconectividad y hacer una inversión masiva en las redes de infraestructura europea, desde la modernización de las redes de transporte y distribución de la electricidad hasta la construcción de infraestructuras para el hidrógeno. Esto permitirá maximizar el potencial de Europa en el sector de las renovables, asegurar un aprovisionamiento de energía seguro y a precios más bajos, y ampliar las opciones de las empresas en materia de suministro energético.

En este contexto, aunque la UE cada vez estará en mejores condiciones de generar su propia energía a medida que avance hacia un futuro de cero emisiones, a medio plazo, la economía europea deberá seguir importando parte de la energía del resto del mundo y, por tanto, tendrá que desarrollar estratégicamente una red de infraestructuras que la conecte con socios fiables.

En el informe se incluyen hojas de ruta concretas para acelerar la integración en los sectores de las finanzas, la energía y las comunicaciones electrónicas, con particular atención a la necesidad de avanzar en esta legislatura (2024-2029). Sin estos logros esenciales, el objetivo de la seguridad económica europea y la creación de una política industrial europea eficaz están fuera de nuestro alcance. Las lecciones extraídas de las recientes crisis subrayan la necesidad acuciante de pasar de la deliberación a la acción contundente.

Existen muchos ejemplos de cómo las decisiones y las políticas adoptadas a nivel europeo han dado forma a las políticas en otras partes del mundo. Las normas técnicas que satisfacen las exigencias diversas de los veintisiete Estados miembros se han demostrado válidos también para las exigencias de otros países del mundo. Un mercado único más fuerte determinará normas que se convertirán en una referencia mundial, facilitando a las empresas europeas el suministro de bienes y servicios al resto del mundo. Un gran mercado europeo contribuirá, por tanto, a que el mercado mundial sea más europeo.

V
Un verdadero mercado único para las redes y los servicios de comunicaciones electrónicas

Las telecomunicaciones representan uno de los sectores en los que las políticas de liberalización, apoyadas por una reglamentación a favor de la competencia a nivel europeo, han funcionado mejor: nuevos operadores han desafiado a antiguos monopolistas; los precios para los clientes finales han bajado; la transición a la red de fibra óptica ha avanzado, como también la evolución de las redes 3G a las 5G, aunque lentamente. Sin embargo, debido a las discrepancias importantes entre los resultados obtenidos por los diversos Estados miembros y la considerable falta de inversión hacen que haya aún mucho camino que recorrer para que la UE alcance los objetivos fijados para 2030 y para responder adecuadamente a las exigencias de conectividad.

Continúa habiendo importantes diferencias entre los distintos países miembros en términos de inversiones, modelos organizativos, tejido industrial y desarrollo del mercado, así como en términos de cobertura territorial de la banda ultraancha.

La persistente fragmentación de normas y mercados nacionales obstaculiza el paso final hacia la creación de un mercado único europeo de las comunicaciones electrónicas.

A pesar de la aplicación del reglamento sobre el mercado único de las telecomunicaciones, que ha introducido el «paradigma del internet abierto» en el entorno comunitario, en la UE existen aún veintisiete mercados nacionales de las comunicaciones electrónicas diferentes. Esta fragmentación limita el tamaño y el potencial crecimiento de los operadores paneuropeos y actúa como un freno a su capacidad de invertir, innovar y competir con sus homólogos de otras partes del mundo. La diferencia de tamaño respecto de las realidades extracomunitarias es sorprendente: un operador europeo tiene de media solo cinco millones de clientes contra los 107 millones de Estados Unidos y los 467 millones de China. Esta diferencia se refleja en las inversiones, mucho menores en la UE.

Las tendencias a largo plazo indican una caída continuada de los ingresos; solo en un número limitado de mercados nacionales de servicios de redes fijas mejorarán levemente. Sin una intervención inmediata, la viabilidad económica de todo el sector de las comunicaciones electrónicas de la UE está en riesgo, y sus costes recaerían en los trabajadores y en los ciudadanos

Los problemas son múltiples. Por un lado, hay que reconocer que la regulación europea a favor de la competencia, con los años, ha beneficiado a los consumidores en términos de precio de acceso a los servicios (en comparación, por ejemplo, con Estados Unidos). Por otro lado, sin embargo, muchos operadores del sector se quejan de una entrada excesiva de actores en el mercado, favorecida por un enfoque normativo que incentivaba a los operadores de pequeño tamaño y, en consecuencia, a mantener equilibrios de mercado insostenibles, con pocos incentivos para realizar inversiones innovadoras. Hoy, con un mercado europeo que cuenta con más de cien operadores, mantener el foco exclusivamente en una reglamentación que favorece el ingreso de nuevos actores pone en riesgo la transición tecnológica hacia redes avanzadas que requieren ingentes inversiones.

Sobre los mercados de telefonía móvil, en los que el acceso no está regulado, se ha logrado el mismo resultado, adoptando un enfoque basado en el acceso al mercado y evaluando las fusiones. Además, las políticas sobre el espectro radioeléctrico, relativas a las frecuencias utilizadas para las telecomunicaciones móviles (TLC) y los servicios de telefonía fija, todavía están muy fragmentadas. Si bien los usos de las bandas están armonizados a nivel europeo, las asignaciones de las frecuencias siguen aún las normas nacionales en materia de sincronización y de capacidad (incluidos los requisitos de cobertura). Las regulaciones sobre los niveles de emisiones electromagnéticas y las políticas en materia de infraestructuras de las torres también están fragmentadas.

Todo esto impide la creación de un mercado único del espectro radioeléctrico y de operadores paneuropeos a gran escala, con consecuencias negativas en términos de inversiones y beneficios para los consumidores finales. Dos posibles acciones para afrontar estos problemas a corto y medio plazo son garantizar la convergencia de los límites de exposición, tomando como referencia la recomendación de la Comisión Europea de 1999 sobre los niveles máximos de exposición a los campos electromagnéticos (que debe ser reexaminada periódicamente para tener en cuenta las pruebas científicas y la evolución de las directrices internacionales), y la adopción de una posición unificada de la Unión Europea sobre las próximas decisiones relativas a la banda superior de 6 GHz.

Por último, otra cuestión crucial concierne a la evolución de los mercados digitales mundiales y de la arquitectura de internet, que ha llevado a una relación desequilibrada entre las telecomunicaciones y las grandes plataformas *online.* Mientras la regulación seguía dando por sentado el predominio de los operadores de telecomunicaciones en el mundo digital, los otros agentes, tales como las grandes plataformas *online,* se han impuesto como guardianes de acceso a los servicios *online,* convirtiéndose de hecho en los principales motores de la demanda. En otras palabras, las normativas sectoriales existentes han creado asimetrías significativas entre los operadores de telecomunicaciones y los grandes guardianes de acceso en varios mercados emergentes relevantes. Las nuevas regulaciones de Servicios y Mercados Digitales (DSA y DMA) han empezado a resolver eficazmente este desequilibrio.

A escala mundial, las tecnologías digitales son ahora factores determinantes para la productividad de las empresas y el bienestar a los ciudadanos. Un sector de las comunicaciones electrónicas seguro y con buena salud es indispensable para realizar la transición verde, impulsar la innovación y reforzar la resiliencia de la Unión Europea, sobre todo en términos de ciberseguridad. La inestabilidad económica de los operadores podría comprometer el bienestar futuro de los consumidores debido a la disminución de la calidad de los servicios ofrecidos, de los problemas de seguridad y de las desigualdades en el acceso a la red. Además, esta inestabilidad podría obstaculizar la digitalización de las industrias y de los servicios, reduciendo el crecimiento y la competitividad de Europa y de los distintos mercados nacionales.

Como se ha mencionado anteriormente, la Comisión Europea ha publicado recientemente un libro blanco titulado *How to master Europe's digital infrastructure needs?* Se trata de un documento importante: ilustra bien las actuales tendencias económicas y tecnológicas, y abre el camino a un profundo rediseño de los principales motores de los mercados de las comunicaciones electrónicas (objetivos, diseños, I+D y marco regulatorio). El escenario descrito en el libro blanco está muy detallado y proporciona el contexto en el que Europa debe proceder para reforzar su sector de las comunicaciones electrónicas.

Un verdadero mercado único de redes y servicios de comunicación electrónica puede ayudar a superar muchas de las ineficiencias actuales de forma coherente con los valores europeos, los derechos de los ciudadanos y los principios de la economía de mercado. El camino para alcanzar este objetivo es complejo y requiere una aproximación gradual.

HOJA DE RUTA

Para el año 2025

- Facilitar el crecimiento y el atractivo de las inversiones para los operadores europeos a través de un enfoque paneuropeo centrado en el mercado único como mercado relevante.
- Consolidar la Ley de Infraestructura Gigabit para eliminar las cargas administrativas que obstaculizan el despliegue de las redes.
- Proporcionar orientaciones complementarias sobre las normas en materia de neutralidad de la red para tener en

cuenta posibilidades de uso innovadoras, como la segmentación de la red 5G.

- Eliminar los obstáculos administrativos y regulatorios, garantizando un cuadro normativo unificado en toda la UE, con una autoridad reguladora europea y un enfoque a dos niveles con las autoridades nacionales existentes.
- Desarrollar una aproximación basada en principios que promuevan la innovación y los servicios especializados y, al mismo tiempo, mantener los fundamentos de la internet abierta.

Para el año 2026

- Eliminar los obstáculos regulatorios de las operaciones transfronterizas mediante un marco general común para la soberanía digital y la ciberseguridad europeas.

Para el año 2027

- Unificar la política del espectro radioeléctrico para sostener el desarrollo eficaz de un mercado único de las comunicaciones electrónicas, centrándose en el despliegue del 5G y de las tecnologías futuras.

Para el año 2029

- Adoptar un marco común para asignar la banda de frecuencias superior a 6 GHz para las comunicaciones móviles internacionales.

VI
Un mercado único para promover políticas energéticas y climáticas eficientes

La energía no formaba parte de los sectores importantes cuando se lanzó el proyecto del mercado único en 1992. Como señalaba el Informe Monti de 2011, «el sector de la energía es uno de los últimos en llegar al mercado único». «El año 2012 no marcará el 20.° aniversario del mercado único de la energía, sino solo el inicio de la consolidación de un mercado energético común». Sin embargo, a lo largo de los años, la integración del mercado de la energía ha progresado significativamente, hasta el punto de que el sector se ha convertido en una de las piedras angulares del mercado único. En la actualidad, el mercado único energético puede ser para Europa el mejor recurso para garantizar su presencia en un nuevo orden global.

Tras salir de una crisis energética sin precedentes, en un panorama geopolítico radicalmente distinto, Europa se enfrenta a desafíos de considerable gravedad y urgencia. La UE no puede permitirse perder el tiempo, porque la competencia global por el liderazgo en el sector de las tecnologías limpias es cada vez más feroz. En su acción operativa diaria debe replicar la urgencia y la determinación demostrados durante las crisis recientes, introduciendo cambios drásticos en todo su sistema energético y aumentando su capacidad para completar rápidamente proyectos concretos.

La invasión rusa de Ucrania marcó un punto de inflexión para el sistema energético europeo. Ha modificado relaciones comerciales mantenidas durante años y ha remodelado la dinámica geopolítica del suministro y el comercio de productos energéticos. Dentro del mercado único, la dirección de los flujos comerciales de gas ha experimentado una transformación sustancial: la UE ha diversificado sus proveedores, con una menor participación de Rusia y una mayor dependencia del gas natural licuado (GNL), cuyos mercados son más volátiles y están influenciados por Estados Unidos, en cuanto a la oferta, y por China, en cuanto a la demanda. Fuera de Europa, las principales economías mundiales y las emergentes están acelerando su transición energética e incrementando las inversiones en tecnologías limpias, lo que aumenta la presión sobre los ecosistemas industriales europeos.

La gravedad sin precedentes de la crisis ha llevado al mercado energético europeo al borde de la ruptura. Algunos Estados miembros han valorado seriamente introducir, o ya las han introducido, restricciones temporales a la exportación de gas para asegurar el suministro de los consumidores nacionales.

Los gobiernos europeos también se han apresurado a dirigirse a los países exportadores a través de misiones de diplomacia energética, con el fin de garantizar otras fuentes de suministros de gas de socios fiables, compitiendo los unos con los otros para asegurar los suministros en sus países, aun a costes más elevados. Se han creado sistemas fiscales y subsidios nacionales para contener el aumento de los precios y aliviar las cargas de las familias y las empresas. El marco regulatorio europeo del mercado de la energía eléctrica ha estado durante mucho tiempo en el centro de un acalorado debate político entre los Estados miembros, y ha sido señalado por algunos como uno de los factores desencadenantes de la crisis de los precios de la energía.

Sin embargo, el mercado único ha resistido a la presión. Es más, ha sido un potente instrumento para garantizar la capacidad de Europa de superar con éxito la crisis, demostrando su fuerza y su eficacia. En el mercado eléctrico no se han registrado apagones ni racionamientos o la interrupción selectiva de los servicios. Incluso el mercado del gas también ha funcionado de manera eficiente, a pesar de que ha sufrido un *shock* debido a una reducción de la oferta sin precedentes por parte de Rusia. Los flujos de gas entre los mercados nacionales han sido gestionados de manera eficaz, sin necesidad de intrincadas negociaciones entre los Estados miembros acerca de cómo repartir los volúmenes disponibles en el mercado europeo en su conjunto, ni de que los Gobiernos tuvieran que tomar decisiones políticas sobre el racionamiento que afectaría a los diferentes grupos de consumidores nacionales.

Los indicadores de precios jugaron un papel fundamental, provocaron una reducción de la demanda y cambios en el comportamiento de los consumidores. La necesidad de reaccionar ante los altos precios y los riesgos de suministro han impulsado, además, nuevas inversiones en infraestructura de las terminales GNL y en la modernización de los sistemas de transporte del gas.

En general, la respuesta de Europa a la crisis energética de 2022 ha sido más eficaz y cohesionada que cualquiera de las anteriores. Y fue posible, en una primera fase, gracias a la mayor coordinación a nivel europeo de las políticas energéticas nacionales, como demuestran, por ejemplo, la aprobación del reglamento de almacenamiento, en mayo de 2022, y del reglamento sobre la reducción coordinada de la demanda, en julio de 2022. En una segunda fase, la Unión Europea supo dar una verdadera respuesta común adoptando reglamentos de urgencia que han intervenido los mercados de la energía eléctrica y del gas, y han establecido normas comunes para acelerar las autorizaciones relativas a las energías renovables. En menos de un año de negociaciones, se adoptó una reforma de la estructura del mercado de la energía eléctrica.

A pesar de dar esta respuesta unitaria, hoy existe el riesgo real de que la integración de los mercados pierda impulso y se perfile en el horizonte la amenaza de una verdadera regresión. La crisis ha dejado en herencia varias medidas de intervención adoptadas a nivel nacional y aún vigentes que amenazan con poner en peligro la cohesión del mercado único. Además, el sector manufacturero está cada vez más preocupado por que los efectos económicos persistentes de la crisis, la complejidad del conjunto de las normativas europeas y la fragmentación del mercado puedan conducir a la desindustrialización.

En efecto, los costes de la energía en Europa continúan siendo más altos que en otras economías. Durante la crisis energética, la Unión Europea, como otras regiones que dependen de las importaciones de gas natural (como Reino Unido, Japón y Corea del Sur), ha registrado una tendencia al aumento de los diferenciales de precio respecto de otras partes de mundo. Los precios del gas eran de tres a seis veces superiores a los de Estados Unidos (en el pasado, eran dos o tres veces más altos) y aún hoy son significativamente más elevados. Los precios al detalle de la energía eléctrica para las industrias son casi dos veces más altos que los estadounidenses y progresivamente están subiendo más que los chinos. Esta situación se mantendrá mientras el precio marginal no sea determinado preferentemente por fuentes de electricidad renovables y de bajo contenido de carbono más que del gas.

La limitada autosuficiencia energética del continente aumenta también su vulnerabilidad ante una subida de precios imprevista. En 2021, la dependencia de la UE respecto a las importaciones de energía era elevada: 91,7 % para el petróleo, 83,4 % para el gas y 37,5 % para los combustibles fósiles sólidos, con una tasa general de dependencia energética de aproximadamente el 55,5 %. Solo en 2022, la factura de la importación europea de combustibles fósiles alcanzaba los 640.000 millones de euros, cerca del 4,1 % de su PIB. En 2023, también con precios más bajos, el gasto fue del 2,4 % del PIB.

Además, la crisis ha agravado las diferencias entre los Estados miembros en cuanto al precio de la energía eléctrica. Esta dinámica resulta altamente problemática para las empresas que consumen grandes cantidades de energía, pero también para aquellas que están al final de la cadena de suministro, así como para las industrias tecnológicas limpias y para las pymes de diversas regiones europeas.

El sector manufacturero también debe afrontar el desafío de integrar, en este difícil contexto, las tecnologías y los procesos necesarios para conseguir baja intensidad de emisiones de carbono, que a menudo son costosos o aún no están disponibles en cantidad suficiente en el mercado. Además, los productores de la UE se enfrentan actualmente a fuertes presiones competitivas, incluso en aquellos ámbitos en los que Europa históricamente ha tenido un papel de liderazgo, como la energía eólica marina. Las recientes y crecientes dependencias que están saliendo a la luz respecto a los combustibles nucleares y las materias primas fundamentales suponen una nueva amenaza para la viabilidad de la transición energética, dejando a la economía europea en una situación de vulnerabilidad frente a las presiones externas.

Aun así, es el mercado único el que puede proporcionar a Europa la influencia y el peso económico adecuados para afrontar eficazmente estos desafíos. Ningún Estado miembro solo puede competir con Estados Unidos en los precios del gas o del petróleo, porque este país es el mayor productor mundial de combustibles fósiles. Europa tampoco puede reproducir las estrategias que disfruta China como consecuencia del control estatal de la economía. Pero la UE dispone de un mercado energético de dimensiones continentales, regido por un marco regulador moderno y sofisticado, único en el mundo. Sin poner en duda el derecho de cada Estado miembro a poder elegir su propio sistema energético, ciertas medidas sustanciales a favor de la integración europea del mercado de la energía y una mayor capacidad de acción a nivel europeo pueden garantizar la existencia de un sistema energético más seguro, económicamente competitivo y sostenible, al servicio de una base industrial moderna. En el ámbito de la energía, como en otros sectores, un mercado único dinámico se traduce en un número mayor de puestos de trabajo de alta calidad y en mayor libertad para que las empresas permanezcan en Europa.

Cuanto más avanzamos hacia un sistema energético descarbonizado, mayor es la necesidad de una integración del mercado. Los beneficios derivados de la integración son resultado de aumentar proporcionalmente la cuota de energías renovables en el sistema, ya que se hacen más evidentes en el aumento de la resiliencia y la mejora de la flexibilidad del sistema en su conjunto. Ante todo, la integración de mercados a escala continental asegura que la instalación de nuevas centrales de energía limpia sea más rápida y más rentable. Las fuentes de energía renovables son diferentes de una región a otra en Europa, en términos de potencial y de patrones de producción.

Lo mismo ocurre con la demanda. El intercambio transfronterizo de energía eléctrica sin barreras permite instalar un número sustancialmente inferior de turbinas y de módulos solares, porque pueden ser colocados donde estas tecnologías son más competitivas, en los lugares más ventosos y más soleados, respectivamente. En segundo lugar, desde el momento que en la UE se ha planteado el objetivo de alcanzar el 70 % de energías renovables variables para 2030, es esencial que los mercados estén bien interconectados con el fin de minimizar los costes asociados al desarrollo de la red, al almacenamiento y a las soluciones necesarias para garantizar la flexibilidad y la capacidad de respaldo. Un alto nivel de interconectividad reduce también los riesgos para los inversores y fomenta la entrada de capitales privados.

Además, los mercados integrados hacen posible mitigar el impacto de las sacudidas externas que solo afectan a uno o a unos pocos países. En este escenario, si el sistema de un Estado miembro está bajo presión, puede importar el excedente de electricidad de otro Estado miembro a un precio inferior, lo que supone ventajas en términos de seguridad energética y de estabilidad económica. Por último, un mercado único continental amplía las opciones de los consumidores y proporciona un entorno ideal para que la industria de las tecnologías limpias prospere, fomentando la innovación en dichas tecnologías y soluciones digitales para el sector energético.

Si aprovecha su mercado único, Europa puede convertir la diversidad de sus sistemas energéticos nacionales no en una debilidad, sino en un activo competitivo. Para conseguirlo, es necesario encontrar la voluntad política para adoptar medidas decisivas en sectores clave.

HOJA DE RUTA

Para el año 2025

- Implementar una metodología transfronteriza para asignar los costes y beneficios de los proyectos eólicos marinos, así como desarrollar esquemas de subastas conjuntas para garantizar la flexibilidad del sistema y fomentar soluciones basadas en energías renovables.
- Reforzar la colaboración regional y asignar a los grupos regionales de alto nivel una mayor orientación política.
- Introducir rigurosos estándares de ciberseguridad como criterio vinculante en la adquisición de nuevas infraestructuras energéticas.
- Realizar una revisión sistemática del marco de seguridad del suministro de gas.
- Prepararse lo mejor posible para la entrada en vigor del régimen definitivo del Mecanismo de Ajuste en Frontera por Carbono (CBAM, por sus siglas en inglés) en 2026, y valorar eventuales revisiones del ámbito de su aplicación.

Para el año 2027

- Fortalecer el presupuesto del CEF (Connecting Europe Facility) for Energy, simplificar sus procedimientos y promover una mayor planificación integrada.
- Establecer una Clean Energy Delivery Agency para centralizar la prestación de soporte técnico, gestionar programas de financiación y actuar como un único punto de acceso para las partes interesadas.
- Incentivar la demanda de tecnologías limpias a través de instrumentos financieros y un Clean Energy Deployment Fund para facilitar las inversiones en las tecnologías de cero emisiones netas.

Para el año 2029

- Desarrollar nuevos instrumentos financieros, como los Green Bonds [bonos verdes], con el fin de atraer capitales privados a los proyectos de infraestructuras.

Para toda esta legislatura

- Consolidar las negociaciones sobre energía con socios fiables en los países vecinos y en África, incluso a través de proyectos de infraestructura de interés mutuo.

VII
Un mercado único que genere trabajo y agilice la empresa

El mercado único, como fue concebido en origen, estaba profundamente anclado en una concepción convencional del proceso productivo, reflejando el período en el que se formuló la primera integración. Este modelo de desarrollo poseía una característica única y distintiva que se ha visto reducida en las últimas décadas: el mercado único era antes la única opción posible para las empresas europeas, ya fuera como lugar de producción o sede central, ya fuera como mercado principal. Considerando el contexto mundial de aquella época, mientras la exportación era una estrategia viable, la idea de deslocalizar las actividades fuera del mercado único era casi inconcebible. A día de hoy, esta alternativa no solo existe, sino que cada vez es más común y se practica más habitualmente. Muchos países en todo el mundo se ofrecen como una alternativa tentadora para las compañías europeas que desean deslocalizar sus actividades, total o parcialmente.

La simplificación de los reglamentos y de la burocracia juegan un papel clave a la hora de que una compañía valore en qué lugar va a operar. Numerosas zonas fuera de la Unión Europea han creado vías específicas para responder rápidamente a las necesidades burocráticas y administrativas de las empresas, aumentando así su atractivo. Muchos empresarios con los que hablé durante mi viaje me expresaron sus preocupaciones al respecto, destacando que las alternativas son cada vez más atractivas en comparación con los numerosos trámites burocráticos a los que deben enfrentarse sus empresas en los países europeos. Gran parte de estos trámites se deben a la superposición de regulaciones y a las complejidades administrativas generadas por el complicado sistema de gobernanza multinivel de la UE. Demasiado a menudo la fragmentación del mercado único, la sobrerregulación y la segregación en los niveles de implementación nacional y regional, por no hablar de la asimetría entre territorios y sistemas jurídicos y fiscales, acaban por aumentar las dificultades y multiplicar los obstáculos a la productividad.

Dentro de la comunidad empresarial crece la insatisfacción por la inexistencia de una cultura de ayuda y agilización de la actividad económica. Con demasiada frecuencia, esta insatisfacción conduce a la tentación de trasladar actividades a países de fuera del mercado único. Este desafío sin precedentes requiere respuestas sólidas. La Comisión ha logrado avances significativos en cuanto a la fiscalidad de las empresas y la simplificación y reducción de trámites burocráticos. Las propuestas presentadas por la presidenta Von der Leyen representan un compromiso importante que debe perseguirse como máxima prioridad en los próximos años. El alcance del nuevo mercado único debe regularse sobre la base de los principios de proporcionalidad y subsidiariedad, especialmente en el contexto de su marco regulatorio.

De hecho, este informe identifica que la simplificación del marco regulatorio es uno de los principales desafíos para el futuro mercado único. Y entonces surge una propuesta fundamental: reafirmar y adoptar el método Delors basado en la máxima armonización combinada con el reconocimiento mutuo, plenamente consagrado por las sentencias del Tribunal de Justicia Europeo. Este método pone el acento en la importancia fundamental de los reglamentos como piedra angular para alcanzar la armonización del mercado único. El método exige que las instituciones de la UE otorguen una inequívoca prioridad al uso de los reglamentos en la formulación de normas vinculantes para el mercado único. Cuando la aplicación de las directivas continúa siendo inevitable o preferible, es indispensable adoptar dos decisiones fundamentales para garantizar su efectivo cumplimiento.

En primer lugar, los Estados miembros deben demostrar una mayor disciplina, evitando incluir medidas que vayan más allá de lo estrictamente necesario con arreglo a la directiva. En segundo lugar, es conveniente dar prioridad sistemáticamente al uso de la base jurídica del marco del mercado único, en particular confiando en el artículo 114 del Tratado. Esta disposición permite una armonización exhaustiva, fundamental para mantener la coherencia entre los Estados miembros, mientras que otras disposiciones del Tratado propician una armonización mínima, lo cual hace posible que los Estados miembros adopten a nivel nacional medidas más estrictas, susceptibles de provocar una fragmentación del mercado único.

Además, un código europeo de los negocios representaría un paso adelante hacia un mercado único más unificado, proporcionando a las empresas un 28.° ordenamiento para operar en su interior. El código superaría directamente el actual mosaico de normativas nacionales, actuando como instrumento clave para desbloquear el pleno potencial de la libre circulación en el seno de la UE. Al mismo tiempo, es fundamental garantizar una aplicación coherente de las normas del mercado único. Una aplicación eficaz garantiza que los reglamentos actúen en beneficio de todos los Estados miembros de modo equitativo, evitando la fragmentación del mercado y manteniendo condiciones de paridad, que son cruciales para la competitividad de nuestras empresas y el dinamismo económico de la UE.

Otro factor clave en este sentido es la red de infraestructuras. El sector de los transportes es uno de los pilares fundamentales que permiten la libre circulación de personas, bienes y servicios en el mercado único europeo. Reduciendo las barreras geográficas y logísticas, se contribuye directamente a la integración económica y a la competitividad de la UE. Las redes de transporte eficientes refuerzan la cohesión social y garantizan una mayor accesibilidad en las áreas rurales y aisladas, permitiendo que los ciudadanos y las empresas locales experimenten las ventajas del mercado único, acabando con las diferencias entre las distintas regiones de la UE y promoviendo un sentimiento de unidad europea.

Además, el desarrollo estratégico del sector de los transportes es indispensable para alcanzar la ambiciosa agenda de transición de la UE a una economía verde. La creación de un verdadero mercado único en el sector de los transportes sigue siendo un objetivo prioritario. A tal efecto es necesario que la UE cree una red transeuropea de transportes realmente integrada, que comprenda ferrocarriles, rutas fluviales y marítimas de corta distancia, y los tramos de carreteras que conectan los puertos y los aeropuertos con las terminales logísticas. Es fundamental, además, eliminar las barreras técnicas y los obstáculos normativos que aún persisten entre los diversos Estados miembros, sin perder de vista toda una serie de posibles medidas para mejorar y hacer más sostenible la movilidad urbana. Con el fin de promover las inversiones y conseguir una mayor integración, puede ser útil fijar algunos objetivos de amplio aliento en este sector, capaces de actuar como motor a partir del ya citado proyecto de conexión de todas las capitales europeas mediante la alta velocidad ferroviaria. Perseguir una nueva integración en el sector de los transportes no debe comprometer, sin embargo, las normas sociales y debe, por tanto, ir acompañada de un reforzamiento de los controles transnacionales sobre la correcta aplicación de las normas relativas al desplazamiento de los trabajadores, que es posible gracias a un refuerzo de la Autoridad Laboral Europea (ELA).

Ciertamente, si no afrontamos estos problemas, el riesgo de desindustrialización del continente —que, como se ha dicho, no es irreversible— se convierte en una amenaza real. Sobre esta cuestión, el informe quiere lanzar, por tanto, un llamamiento a la acción más amplio. Hoy Europa no puede y no debe ceder a terceros el papel de líder de la industria manufacturera. A principios de este siglo y durante gran parte de la década siguiente, en general, esta evolución se consideraba una opción factible e incluso ventajosa. Sin embargo, es evidente que las cosas ya no son así.

VIII
La Unión de Ahorros e Inversiones para financiar la transición verde, justa y digital

A lo largo de la pasada legislatura la UE y sus Estados miembros fijaron unos objetivos ambiciosos para realizar una transición verde, justa y digital. El Pacto Verde y la Ley Europea sobre la Industria de Cero Emisiones Netas (NZIA, por sus siglas en inglés) representan dos avances fundamentales para garantizar a la UE un futuro sostenible. Ahora que casi todas las normas están en vigor, la atención debe desplazarse a la fase más delicada: la implementación.

Uno de los principales objetivos del nuevo mercado único debe ser que la capacidad industrial y productiva europea sea compatible con los objetivos de la transición. Un objetivo que representa, y continuará haciéndolo en los próximos años, un coste sustancial para la UE y sus Estados miembros. La misma Comisión Europea estima que se necesitarán inversiones por más de 600.000 millones de euros al año. En la presente legislatura, pues, será necesario dirigir todos los esfuerzos a sostener financieramente la transición, canalizando hacia este objetivo todos los recursos públicos y privados necesarios. En este esfuerzo, el mercado único puede y debe desarrollar un papel central.

La prioridad inicial es movilizar los capitales privados, un sector en el que la UE acusa un retraso considerable respecto de sus competidores, pero en el que también dispone de un gran potencial inexplorado. La Unión Europea cuenta con nada menos que 33.000 billones de euros en concepto de ahorros privados, principalmente en cuentas corrientes y en depósitos. Esta riqueza no se aprovecha eficazmente para satisfacer las exigencias estratégicas de la UE. A causa de la fragmentación de nuestros mercados financieros, cada año, cerca de 300 billiones de euros de ahorros de las familias europeas se desvían al exterior y se invierten en mercados financieros más dinámicos y eficientes, como el de Estados Unidos. Este fenómeno pone en evidencia una ineficacia significativa en la utilización de los recursos disponibles que, en cambio, si fueran reorientados y canalizados hacia un moderno y eficaz mercado financiero europeo, podrían contribuir de manera sustancial al logro de los objetivos estratégicos de la UE.

Para contrarrestar este escenario, el informe propone la creación de una Unión de Ahorros e Inversiones, desarrollada a partir de la incompleta unión de los mercados de capitales. Integrando plenamente los servicios financieros dentro del mercado único, no solo podremos conservar los ahorros privados en el seno de la UE, sino también atraer recursos adicionales del exterior.

Tres son las áreas estructurales que necesitan urgentemente la creación de una próspera Unión de Ahorros e Inversiones en el seno del mercado único: la oferta de capital, la demanda de capital, el marco institucional y la estructura de mercado que regulan la circulación de dicho capital. Es indispensable que cualquier paquete de reformas considere las tres áreas a la vez porque son parte integrante de un ecosistema más amplio y no pueden, por tanto, ser tratadas de manera aislada. Exigen una acción conjunta por parte de las instituciones europeas, de los Estados miembros y de los operadores de mercado.

En paralelo, es esencial perseguir las soluciones técnicas que teóricamente sean ejecutables en un período de tiempo relativamente corto, y los esfuerzos estructurales a más largo plazo. Si bien en la mayor parte de los casos se confían a órganos y autoridades diferentes, su implementación combinada es fundamental para alcanzar el objetivo final a largo plazo.

HOJA DE RUTA

Para el año 2025

- Lanzar un producto de ahorro a largo plazo con suscripción automática en toda la UE para estimular las inversiones de pequeños ahorradores, aprovechando los incentivos fiscales que puedan ofrecer los Estados miembros y mejorando el producto paneuropeo de ahorro individual para la jubilación, con el fin de que su seguimiento sea más amplio en el mercado.
- Armonizar los marcos normativos de los Estados miembros para permitir que los grandes grupos aseguradores adapten los requisitos de capital al perfil de riesgo específico de cada entidad, liberando así capital adicional.
- Para apoyar las inversiones privadas en el ámbito de la sostenibilidad, crear una Garantía Verde Europea (European Green Guarantee, EGG) específica. La Comisión Europea y el Banco Europeo de Inversiones (BEI) podrían desarrollar el marco de referencia y reunir los recursos financieros para crear un sistema de garantías a nivel europeo, que sostenga la financiación bancaria de proyectos de inversión y de empresas ecológicas.

- Revisar el marco que regula las titulizaciones para simplificar el uso de esta herramienta, que es esencial para diversificar las inversiones y liberar la capacidad del balance de los bancos. Esto, a su vez, permitirá que los bancos ofrezcan nuevas financiaciones complementarias.
- Establecer un punto de acceso único europeo para los mercados de capitales públicos, específicamente proyectado para las pymes, para consolidar sus segmentos de mercado a través de las principales Bolsas de la UE, simplificando su transición hacia los principales segmentos de mercado bajo la supervisión directa y simplificada de la Autoridad Europea de Valores y Mercados (AEVM).

Para el año 2026

- Para canalizar los ahorros de los ciudadanos hacia la financiación de la economía real, lanzar un nuevo sistema europeo que combine el esquema de los fondos de inversión a largo plazo europeos (ELTIF, por sus siglas en inglés) con incentivos fiscales nacionales.
- Progresar hacia una vigilancia uniforme e integrada de los mercados financieros adaptando un modelo similar al mecanismo de vigilancia del sector bancario, en el que una AEVM reforzada, en colaboración con las autoridades nacionales competentes, podría asumir mayores responsabilidades de vigilancia de las principales entidades.
- Establecer un activo seguro, europeo y único, que centralice las emisiones obligatorias de la UE en un solo instrumento, para garantizar la estabilidad y la homogeneidad del mercado financiero.

Para toda esta legislatura

- Para financiar el desarrollo de las infraestructuras verdes y atraer capitales de los fondos de pensiones y de las compa-

ñías de seguros, promover la asociación pública-privada (APP) reforzando los marcos normativos y garantizando un equilibrio entre eficiencia económica para los contribuyentes y rentabilidad para los inversores.
- Promover la implementación del euro digital para reforzar la autonomía financiera de la UE y mejorar la infraestructura de los pagos minoristas.

La etapa siguiente consistiría en abordar el debate sobre las ayudas estatales. Tendremos que desarrollar soluciones valientes e innovadoras que encuentren un equilibrio entre la necesidad de movilizar rápidamente ayudas públicas nacionales orientadas a la industria, en la medida en que permiten remediar de manera proporcionada los fallos del mercado, y la necesidad de prevenir la fragmentación del mercado único.

Si, por un lado, la progresiva flexibilización de los reglamentos relativos a las ayudas estatales que se han proporcionado en respuesta a las crisis recientes ha contribuido a limitar los efectos negativos sobre la economía real y ha introducido conceptos innovadores para hacer frente al volátil contexto internacional, por el otro, ha provocado distorsiones de la competencia. Existe el riesgo de que con el tiempo esta aproximación perjudique la igualdad de condiciones de competitividad y amplifique las diferencias en el interior de la Unión, dada también la distinta capacidad fiscal de los Estados miembros.

Para tratar de salir de esta situación, la UE debe encontrar el equilibrio entre una aplicación más estricta de las ayudas estatales a nivel nacional y la progresiva ampliación del apoyo financiero a nivel europeo. En particular, se podría diseñar un mecanismo de contribución para las ayudas estatales que exija a los Estados miembros destinar a la financiación de inversiones e iniciativas paneuropeas una parte de los recursos asignados a las intervenciones públicas nacionales.

Desbloquear el expediente de la integración de los mercados financieros y revisar el enfoque de las normas sobre las ayudas estatales contribuirá a crear las condiciones políticas necesarias para avanzar en otra dimensión crucial: las inversiones públicas europeas. Para reducir la tensión entre los nuevos enfoques industriales y el marco del mercado único, la estrategia industrial de la UE debe adoptar una orientación más europea, basándose en el modelo de los proyectos importantes de interés común europeo (PIICE) y desarrollándolo posteriormente. Frente a la dura competencia mundial, la UE debe intensificar sus esfuerzos para poner en marcha una estrategia industrial competitiva que esté en condiciones de hacer frente a las medidas recientemente adoptadas por otras potencias mundiales, como la Inflation Reduction Act estadounidense.

Es fundamental establecer una sólida conexión entre la transición verde, justa y digital y la integración financiera en el seno del mercado único. Este vínculo es esencial para hacer factible la transición. Sin los recursos adecuados, existe el riesgo de que se bloquee todo progreso. Los costes de la transición son sistémicos y deben ser compartidos colectivamente. Si se descarga el peso solo sobre sectores específicos, se acaba obstaculizando el proceso en vez de agilizarlo. El incumplimiento de este esfuerzo colectivo podría llevar a la resistencia de varios grupos —hoy los agricultores, mañana los trabajadores del sector automovilístico—, que creen sostener de manera desproporcionada los costes de la transformación sin contar con apoyos suficientes.

Esta conexión funciona también en sentido inverso, en cuanto que la financiación de la transición puede favorecer el proceso de integración financiera dentro del mercado único. El intento de crear una unión de los mercados de capitales en la última década no ha tenido éxito, entre otras causas porque ha sido percibido como un fin en sí mismo. No se alcanzará una verdadera integración de los mercados financieros en Europa hasta que los ciudadanos y los líderes políticos europeos no reconozcan que tal integración no es simplemente ventajosa para las finanzas en sí mismas, sino que es esencial para lograr objetivos de interés general que de otro modo son inalcanzables, como la transición verde, justa y digital.

Sostener estructuralmente la transición es un objetivo fundamental del marco estratégico de la Unión Europea. Pero la discusión no debe concentrarse solo en los costes asociados a esta transición. Es fundamental reconocer los amplios beneficios que dicha transición ofrece a los ciudadanos, a las empresas y a los trabajadores. Invertir en ella y financiarla no es solo una decisión económica; es probablemente la elección más estratégica que la UE pueda asumir para asegurarse una ventaja competitiva significativa en el escenario global, preservando y desarrollando, al mismo tiempo, las normas sociales de las que Europa está orgullosa.

Esta ventaja se vuelve particularmente relevante dada la creciente importancia de la sostenibilidad en el sistema global del futuro. Mediante el apoyo estructural de la transición, la UE refuerza su compromiso a favor de la prosperidad económica a largo plazo y de la consecución de los objetivos de sostenibilidad. El Banco Europeo de Inversiones juega un papel crucial al respecto, en cuanto que proporciona experiencia y financiaciones indispensables para numerosos proyectos que se alinean con estos objetivos.

En síntesis, hacen falta catalizadores de la integración financiera europea que sean externos al sector financiero y que se concentren en objetivos que afectan al futuro de los ciudadanos más que a las finanzas mismas. Sostener estructuralmente la transición es, en este sentido, un deber del sistema. Se trata de un aspecto crucial, sobre todo porque sin los recursos privados que se obtendrán con la creación de una Unión de Ahorro e Inversiones fuerte y auténtica, será extremadamente difícil resolver las divisiones interiores de los Estados miembros respecto de la asignación de los recursos públicos nacionales y europeos necesarios para cubrir los costes de la transición.

Es fundamental aumentar las inversiones públicas y privadas para conseguir los objetivos estratégicos de la UE, pero los recursos económicos por sí solos no son suficientes. Es igualmente crucial asegurar un empleo de los mismos más eficiente y de mayor impacto. En el marco de nuestra reflexión, al menos son tres los ámbitos que merecen atención. En primer lugar, es preciso integrar los principios de la economía circular en el mercado único: Europa necesita un «mercado único circular» que favorezca, al mismo tiempo, la sostenibilidad ambiental y el crecimiento económico, promoviendo modelos de negocio innovadores y comportamientos más conscientes de los consumidores. En segundo lugar, las contrataciones públicas deben desempeñar un papel estratégico: los modelos y las prácticas que pongan en el centro la transparencia, la competitividad, la innovación y la sostenibilidad podrán garantizar que el gasto público está alineado con los objetivos estratégicos de la UE y los apoye activamente. Por último, es indispensable reforzar la capacidad administrativa, porque la aplicación de las ambiciosas estrategias de la UE depende de la preparación y eficiencia de las administraciones públicas para poner en práctica cuanto se ha proyectado. Por tanto, resulta esencial adoptar medidas que fortalezcan las administraciones nacionales (y regionales), garantizando su eficacia y responsabilidad en la utilización de los recursos públicos.

IX
Ampliación: ventajas y responsabilidades

Una visión estratégica similar debe ser aplicada también a los otros dos grandes procesos que caracterizarán a la UE en la próxima década, en particular, la ampliación y el desafío de la seguridad.

Por lo que concierne al primer aspecto, es esencial identificar inmediatamente los fundamentos conceptuales de la cuestión. Las ampliaciones del pasado fueron decisiones positivas para la UE. En particular, han permitido que Europa compensara la pérdida de peso relativo provocada por la transformación del marco geopolítico y geoeconómico después de la Guerra Fría con la adhesión de nuevos actores. Gracias a las ampliaciones, el mercado único y sus ventajas fueron muy beneficiosos, tanto para los antiguos como para los nuevos Estados miembros. Hoy como ayer, una Unión Europea más grande es el mejor instrumento para proteger los intereses y la prosperidad de Europa, sostener los principios del Estado de derecho y defender a los ciudadanos de las amenazas exteriores.

La próxima ampliación tiene que ser afrontada con el mismo espíritu y la misma visión. El debate no debería concentrarse solo en el objetivo de la ampliación en sí, sino más específicamente en los métodos y en los tiempos de tal expansión. La interacción entre el mercado único y la ampliación plantea cuestiones complejas que requieren una atenta reflexión. Es preciso encontrar un enfoque equilibrado que facilite la extensión gradual pero significativa de los beneficios del mercado único a los países candidatos, salvaguardando, al mismo tiempo, la estabilidad de sus economías y del mercado único.

Sigue siendo decisiva una condición: dado que el Mercado Único es la base y la fuerza impulsora de la integración europea, el mecanismo debe permanecer, al menos parciamente, bajo el control de los negociadores de Bruselas durante el proceso de preadhesión, con el fin de evitar que los actuales Estados miembros pierdan su herramienta de negociación más poderosa. En concreto, es esencial reafirmar de manera inequívoca que cualquier país que se quiera beneficiar de una participación sustancial en el mercado único durante la fase de preadhesión deba incorporarse plenamente a todos los ámbitos del primer criterio de Copenhague, demostrando desde el inicio un claro e inquebrantable respeto de los principios no negociables de «democracia, Estado de derecho, derechos humanos, respeto de las minorías y su protección».

En una época en la que estos mismos principios están siendo impugnados y el modelo democrático europeo se encuentra presionado por amenazas exteriores y por desafíos interiores, no se pueden admitir ambigüedades sobre este punto: es en el interior de la Unión y de cada Estado miembro donde estos valores fundamentales deben ser plenamente puestos en práctica y defendidos activamente. Cada país candidato que quiera participar en una integración gradual en el mercado único —o en cualquier otra dimensión de la UE— debe alinearse totalmente con estos principios.

Además, la ampliación no debe ser percibida ni por los gobiernos ni por los ciudadanos de los Estados miembros actuales como el fin del apoyo al crecimiento y a la convergencia —en particular para los países que se han adherido más recientemente— que ha proporcionado la política de cohesión y la Política Agrícola Común (PAC). Las políticas de acompañamiento para los actuales Estados miembros y una reforma de la política de cohesión parecen decisivas. La política de cohesión eficaz —llevada a cabo de manera equilibrada en toda la UE— fue siempre y continuará siendo una condición fundamental para conseguir el éxito del mercado único. Al respecto, la creación de un mecanismo de solidaridad para la ampliación, dotado de recursos financieros para gestionar las externalidades y facilitar el proceso, podría ser una herramienta útil

X
Promover la paz y defender el Estado de derecho: un mercado común para la industria de la seguridad y la defensa

El tercer gran proceso estratégico para la próxima década, junto a la transición y a la ampliación, se refiere al desafío de la seguridad. La guerra de agresión de Vladímir Putin contra Ucrania ha alterado el curso de la historia y rediseñado el destino de Europa sacudiendo sus cimientos. Inmediatamente, la UE en su conjunto decidió repensar el principio de la seguridad y la defensa, que históricamente ha tenido un menor peso respecto a otras políticas de la UE y ha estado en gran parte reservado al nivel nacional.

Esta respuesta unitaria y decisiva debe ser sostenida con coherencia y continuidad, aprovechando las posibilidades sin explotar de la UE en este ámbito. El razonamiento es evidente: la seguridad debe abordarse a escala global y debe influir en las políticas energéticas y financieras, las amenazas cibernéticas, las decisiones sobre infraestructura, conectividad, espacio, sanidad y tecnología. También se refleja en las Declaraciones de Versalles y Granada, así como en la Estrategia Europea de Seguridad Económica presentada por la Comisión Europea. Esta definición de seguridad, amplia y sin precedentes, inevitablemente tendrá repercusiones en todos los aspectos de la economía y de la vida de los ciudadanos. Es por ello que resulta esencial encontrar un equilibrio con los derechos fundamentales del individuo, posicionando nuevamente a Europa como líder en la regulación de los nuevos avances tecnológicos.

Nuestra capacidad industrial en los sectores de la seguridad y de la defensa debe experimentar una transformación radical para evitar repetir la dinámica observada en el período 2022-2024. En esos años, los europeos gastaron sumas ingentes en mantener la resistencia ucraniana, pero cerca del 80 % de estos fondos se emplearon en suministros no europeos. Al contrario, Estados Unidos adquirió cerca del 80 % de los equipamientos militares utilizados para sostener la guerra en Ucrania directamente de proveedores estadounidenses, una diferencia sorprendente que evidencia la debilidad de nuestra situación. Mantener los puestos de trabajo y las industrias en Europa, más que financiar el desarrollo industrial de nuestros socios o rivales, debe ser un objetivo primordial cuando se gasta dinero público. Además, nunca como hoy es urgente desarrollar nuestras capacidades industriales para ser autónomos en este ámbito estratégico. Actualmente, la naturaleza del sector no permite aplicar la lógica y los parámetros propiamente dichos del mercado único a la industria de defensa. Sin embargo, avanzar hacia el desarrollo de un «mercado común para la industria de la seguridad y de la defensa» es fundamental, si queremos dotar a la UE de los medios necesarios para afrontar los desafíos actuales y futuros en este ámbito.

Al mismo tiempo, la seguridad debe ser objeto de decisiones coherentes en materia de financiación. La continuidad en las políticas y los gastos del pasado no es ni siquiera imaginable. Las nuevas y mucho más graves amenazas actuales deben ser contrarrestadas con respuestas apropiadas y proporcionadas. La Unión Europea está valorando diversas opciones de financiación innovadoras para favorecer un mercado unificado de defensa. Con el fin de modernizar las capacidades de defensa de la UE, debemos desarrollar medidas y herramientas innovadoras que integren eficazmente los recursos financieros públicos y privados. Estos esfuerzos, obviamente, tienen que estar alineados con la pertenencia de casi todos los Estados miembros de la UE a la Alianza Atlántica, con todo lo que ello implica en términos de compromisos.

También es preciso reflexionar de forma análoga respecto a otro sector crítico que es particularmente importante para nuestro futuro: el espacio. Históricamente, las iniciativas espaciales europeas solo han aplicado las reglas del mercado único de manera parcial. De hecho, debido a la naturaleza intrínsecamente institucional y política del sector, las actividades espaciales dependen del apoyo público. Además, la decisión de Europa de promover un desarrollo equilibrado de las competencias espaciales en sus Estados miembros ha llevado a una distribución proporcional de la financiación institucional en todo el continente. Este enfoque, conocido como «retorno geográfico» —una política clave de la Agencia Espacial Europea (ESA, por sus siglas en inglés)—, garantiza que los fondos de los Estados miembros se asignen a las industrias de cada país a través de contratos de la ESA, de manera proporcional a la inversión realizada por cada país.

Pero a día de hoy, frente a una economía espacial mundial y competitiva, este modelo ya no es el adecuado. Para el futuro de Europa, es esencial desarrollar un sector espacial dinámico en condiciones de crecer, a pesar de la feroz competencia global y de suministrar instrumentos adecuados para afianzar la autonomía estratégica y la seguridad europeas. A tal fin, es preciso revisar el modelo actual, que se caracteriza por la fragmentación de los agentes institucionales y de los reglamentos, una distribución ponderada de las financiaciones sobre todas las actividades e instrumentos financieros insuficientes para estimular la inyección del capital privado.

XI
Freedom to move, freedom to stay: UN MERCADO ÚNICO SOSTENIBLE PARA TODOS

Durante décadas, el mercado único europeo ha sido el corazón palpitante de un crecimiento económico sin precedentes, del progreso social y de la mejora de la calidad de vida en todo el continente. Ha actuado de catalizador de la convergencia entre los Estados miembros, creando un ecosistema en el que la innovación prospera, las economías crecen y los ciudadanos disfrutan de numerosas oportunidades. Como reconoció recientemente el Fondo Monetario Internacional, el modelo de crecimiento europeo ha sido un poderoso motor de convergencia económica en las últimas décadas.

Sin embargo, a pesar de los indiscutibles éxitos, el debate sobre la redistribución de los beneficios generados por el mercado único es cada vez más encendido. En particular, se está abriendo paso la idea de que las ventajas del mercado único acaban por beneficiar sobre todo a quien ya dispone de los medios y de las competencias para aprovechar las oportunidades transnacionales, o de las grandes empresas que pueden fácilmente expandir sus actividades en todos los Estados miembros. Por ejemplo, al fomentar la competencia, el mercado único estimula la innovación, que indirectamente beneficia a las personas altamente cualificadas: se anima a las empresas a invertir en investigación y desarrollo, creando así una demanda de capacidades en sectores de vanguardia. Además, el conocimiento de las lenguas extranjeras es esencial para aprovechar plenamente las ofertas de formación y de trabajo en el mercado único.

La situación para las empresas es similar: las grandes compañías generalmente se encuentran en una mejor posición respecto de las pymes para disfrutar de todas las ventajas del mercado único. Disponen de los recursos y las infraestructuras necesarias para beneficiarse de costes de producción más reducidos, racionalizar la distribución transfronteriza, superar los obstáculos y acceder fácilmente a una enorme cantidad de clientes. Además, las marcas asentadas y las grandes compañías disponen ya de amplias redes de proveedores, socios y clientes; el mercado único puede amplificar los efectos de estas redes, consolidando aún más su posición en el mercado.

Si no se afronta este asunto, se corre el riego de que el apoyo público y político al mercado único se erosione y se comprometa su éxito. Desde el principio, el mercado único europeo se concibió con la conciencia de que podrían existir efectos dispares sobre los trabajadores, las empresas y las regiones, y con el claro objetivo de abordar esta dinámica. Por este motivo, la política de cohesión se estableció como un elemento fundamental e intrínseco al mercado único.

Sin embargo, la UE se enfrenta hoy a nuevos desafíos frente a la redistribución de un escenario global radicalmente transformado y que requiere soluciones innovadoras. La crisis de la pandemia ha repercutido de manera desigual en los sectores, los territorios y los grupos socioeconómicos. El impacto de la interrupción de las cadenas de valor mundiales varía considerablemente entre las economías de la

UE. La transición verde y digital afecta de manera distinta a las regiones y a los diferentes sectores económicos de Europa. Los costes de la inflación recaen de manera desproporcionada sobre las familias y las empresas, ya duramente golpeadas por las dificultades económicas. Además, el actual relanzamiento de la política industrial europea comporta el riesgo de ampliar involuntariamente las desigualdades regionales en el interior de la Unión.

Como pone de manifiesto el informe del grupo de alto nivel sobre el futuro de la política de cohesión, «en 2023, más de 60 millones de ciudadanos de la UE viven en regiones con un PIB per cápita inferior al del año 2000. Otros 75 millones viven en regiones con un crecimiento cercano a cero. En conjunto, cerca de 135 millones de personas, casi un tercio de la población de la UE, viven en lugares que, en las últimas dos décadas, se han ido quedando lentamente atrás». Los residentes de las regiones en decadencia a menudo sienten que no tienen más opción que abandonar estos lugares por la falta de puestos de trabajo, la dificultad para acceder a una educación de calidad y a los servicios necesarios para mantener una vida independiente y digna dentro de su propia comunidad. Del mismo modo, las pymes establecidas en estas zonas sienten el peso de las normativas europeas, pero solo obtienen beneficios limitados del mercado único, a menudo por mantener un modelo de negocio o una capacidad poco adecuados para la expansión transfronteriza.

Según el Eurobarómetro de 2023, una mayoría amplia y estable de europeos (61 %) afirmaba que la pertenencia a la UE es ventajosa y que sus países se han beneficiado de ella (72 %). Sin embargo, casi un ciudadano europeo de cada dos estimaba que la UE está yendo en la dirección equivocada, mientras solo uno de cada tres opinaba positivamente respecto al futuro de Europa. En dieciséis países, eran mayoría los entrevistados que creían que las cosas van en la dirección equivocada. En efecto, las dificultades socioeconómicas continúan afectando la vida cotidiana de los europeos: el 73% declaraba que su nivel de vida disminuiría en el curso de 2024 y el 47% afirmaba haber asistido ya a un empeoramiento del mismo. Más de un tercio de los europeos (37%) tenía dificultades para pagar sus facturas, a veces o la mayoría de las veces. No es casual que los ciudadanos de la UE consideren que la lucha contra la pobreza y la exclusión social y la sanidad pública son las cuestiones cruciales a las que el Parlamento Europeo debe dar prioridad en esta legislatura, seguidas por la lucha contra el cambio climático y el apoyo a la economía.

Para mantener sus promesas de prosperidad compartida, el mercado único tiene que responder a diversas exigencias vitales que se refuerzan mutuamente para afrontar estos desafíos.

Europa debe seguir garantizando la libre circulación de las personas, pero también la «libertad de quedarse». El mercado único tiene que proporcionar poder a los ciudadanos más que crear situaciones por las que se sientan obligados a trasladarse en busca de mejor fortuna. Los europeos y las europeas que desean contribuir al desarrollo de sus comunidades locales deberían tener la oportunidad de hacerlo. La libre circulación es un bien precioso, pero tendría que ser una elección, no una necesidad. Como dijo Jacques Delors en una entrevista en 2012, «todo ciudadano debería estar en condiciones de ser dueño de su propio destino». Es necesario que los objetivos del mercado único se alineen con la libertad de circulación y con la libertad de quedarse en la comunidad que elijan.

Debemos asegurarnos de que cualquier desarrollo del mercado único incluya una auténtica dimensión social que garantice la justicia y la cohesión, puesto que el mercado único es un poderoso motor de crecimiento y prosperidad, pero también puede ser una fuente de desigualdades y pobreza, si sus beneficios no son ampliamente compartidos o, peor, si sus distorsiones provocan una carrera a la baja de los estándares sociales. Una potente dimensión social del mercado único promueve una prosperidad inclusiva, garantizando las oportunidades equitativas, los derechos de los trabajadores y la protección social para todos, al tiempo que contribuye al crecimiento.

Si, por un lado, como se ha expuesto en los capítulos anteriores, la UE debe «jugar a lo grande», por el otro, debemos facilitar una mayor participación de las pequeñas y medianas empresas en el mercado único. En caso contrario, será inevitable que las empresas y los emprendedores que representan la espina dorsal de la economía de la UE vean el mercado único más como un obstáculo que como una oportunidad. Las pymes emplean casi dos tercios de la fuerza de trabajo de la UE y representan poco más de la mitad de su valor añadido. Sin embargo, muchas pymes se enfrentan a obstáculos tales como procedimientos burocráticos complejos, elevadas cargas administrativas y falta de información y de servicios de soporte. Simplificar los procedimientos, proporcionar orientaciones personalizadas y hacer la información más accesible contribuiría a dar a las pymes la posibilidad de prosperar en el mercado único.

Además, a pesar de los recientes avances, la fragmentación fiscal continúa siendo un obstáculo importante para las empresas de la UE y en particular para las pymes. Para facilitar la libre circulación de trabajadores, bienes y servicios, y para sostener el crecimiento y las inversiones privadas, sería fundamental que existiera un marco fiscal europeo armonizado. La lucha contra la planificación fiscal agresiva, la evasión fiscal y el fraude fiscal es esencial para garantizar un mercado único que funcione para todos, así como la financiación continua de bienes públicos clave y de instrumentos sociales adecuados.

Por último, para construir un mercado único que beneficie a todos, es fundamental reforzar las normas de protección de los consumidores. El fortalecimiento de estas medidas no solo garantiza un acceso equitativo a bienes y servicios en todos los Estados miembros, sino que favorece también un ambiente competitivo en beneficio tanto de los consumidores como de las empresas.

XII
El mercado único más allá de los confines de la UE: comercio y seguridad económica

Frente a un panorama global cada vez más complejo e imprevisible, la Unión Europea debe dirigir la mirada más allá de las propias cuestiones internas y prestar mayor atención a la dimensión exterior del mercado único. Hoy ya no es posible marcar una nítida distinción entre estas dos dimensiones; debemos tomarlas en consideración juntas.

Los grandes desafíos de los últimos años, de la pandemia al retorno de los conflictos, pasando por la crisis energética, nos han demostrado que la seguridad económica es crucial para la estabilidad y la resiliencia de la UE. Estas crisis han puesto en evidencia las vulnerabilidades de nuestro modelo de desarrollo actual, basado fundamentalmente en la interdependencia del comercio global. La adaptación al nuevo contexto nos impone buscar un equilibrio entre la integración en el mercado global y la seguridad, con el objetivo de reforzar nuestra competitividad y nuestra resiliencia.

Para seguir promoviendo el «efecto Bruselas» se requiere un enfoque proactivo, puesto que las alternativas actuales a la UE en el mercado global son cada vez más numerosas. También cada vez más se pone en cuestión su influencia a causa de las tensiones geopolíticas y del aumento de las intervenciones estatales en las dinámicas comerciales por razones de seguridad.

En vez de interpretar los cambios a través de la lente del mercado único, por el contrario, deberíamos trabajar para adaptar este último a tales dinámicas globales. En este sentido, es fundamental revisar la política comercial de la UE para preservar nuestra credibilidad. Nuestro enfoque debería apuntar a encontrar un equilibrio entre la competitividad, la independencia estratégica y el comercio global justo, evitando la imposición de normativas perjudiciales y promoviendo, en cambio, asociaciones estratégicas. Esto concierne también a las relaciones con nuestros socios más cercanos. Con el Reino Unido, con quien habrá que encontrar un equilibrio para reforzar nuestras relaciones políticas y económicas, y con Estados Unidos, con quien sería deseable empezar a debatir la idea de un mercado único trasatlántico en lugar de centrarse en una guerra comercial.

Otro aspecto fundamental concierne a la relación entre el mercado único y la ampliación de la Unión. El proceso de integración plantea desafíos importantes, ya sea para los países candidatos, ya sea para la integridad de la UE. Nuestra estrategia debe combinar sin solución de continuidad la integración económica y política, apuntando al equilibrio y rechazando la percepción de la UE como mera entidad económica.

Afrontar eficazmente la seguridad económica, perfeccionar nuestra política comercial, gestionar la ampliación y controlar nuestras relaciones con los principales socios estratégicos son cuestiones fundamentales para el futuro del mercado único. Los cambios geopolíticos observados en los últimos años ponen en evidencia la importancia de centrarse en la dimensión exterior del mercado único a fin de garantizar su capacidad de reacción y su relevancia en un mundo en rápida evolución.

Conclusión
Una invitación a la acción

Es tiempo de crear una nueva brújula para guiar al mercado único en este complejo escenario internacional. Las poderosas fuerzas del cambio —que comprenden la demografía, la tecnología, la economía y las relaciones internacionales— requieren respuestas políticas innovadoras y eficaces. A la luz de las crisis y de los conflictos en curso, es urgente pasar a la acción, sobre todo porque la ventana de oportunidad para intervenir y relanzar la economía europea corre el riesgo de cerrarse en un futuro próximo.

El objetivo de este informe, que contiene recomendaciones para el futuro del mercado único, es inspirar un verdadero llamamiento a la acción por parte de la opinión pública europea. Para obtener el máximo impacto, debería realizarse en el ámbito de las instituciones europeas, de los Estados miembros, de los agentes sociales y de los ciudadanos.

Dada la importancia estratégica del mercado único para reforzar la competitividad europea, es esencial que el Consejo Europeo desempeñe un papel decisivo en cuanto a llevar adelante las reformas necesarias para finalizar su construcción. Esta iniciativa debería representar un punto central en la agenda de esta legislatura, poniendo de manifiesto nuestro compromiso común para revitalizar el contexto económico europeo.

Se invita al Consejo a delegar en la Comisión Europea la tarea de elaborar una estrategia global para el mercado único. Este plan debería articular claramente las acciones necesarias para derribar las barreras existentes, promover la consolidación y mejorar la competitividad del mercado único, según las propuestas que contiene el informe. Es esencial que los dirigentes políticos actúen como catalizador para conseguir un acuerdo rápido entre el Consejo de la UE y el Parlamento Europeo, según un plan ambicioso que incluya también un análisis de impacto detallado y un trabajo parlamentario profundo para apoyar el proceso. Es igualmente necesario que el Comité Económico y Social Europeo y el Comité Europeo de las Regiones den prioridad a estas iniciativas de reforma en su función consultiva, garantizando que el proceso legislativo esté guiado por un análisis completo y orientado a la práctica. Este compromiso colectivo no solo reforzará el mercado único, sino que asegurará que continúe siendo un pilar de la resiliencia económica europea y de la competitividad global.

En el centro del modelo social europeo, inaugurado por Jacques Delors con el Diálogo de Val Duchesse en 1985, estaba el compromiso de mantener un sólido diálogo social. Sin embargo, en los últimos años, la esencia misma de ese diálogo se ha debilitado. Por el contrario, si queremos mantener las empresas y crear puestos de trabajo de calidad, es preciso aumentar el número de mecanismos de coordinación y negociación entre patronos y trabajadores. El diálogo social y la negociación colectiva continúan siendo herramientas indispensables para los gobiernos y los agentes sociales con el objetivo de encontrar soluciones justas y equitativas.

Es esencial reconocer el importante papel desarrollado por los agentes sociales para afrontar los desafíos actuales, como el cambio climático y la digitalización, en el contexto del relanzamiento del mercado único de la UE. Además, el impulso de condiciones de trabajo equitativas en el contexto de la transformación de los modelos productivos es fundamental para garantizar que las transiciones sean ampliamente compartidas y aceptadas. El renovado compromiso de reforzar el diálogo social en la UE, ilustrado por el relanzamiento de la cumbre de Val Duchesse que propuso Ursula von der Leyen en su discurso sobre el Estado de la Unión de 2023, representa un cambio importante. Para aprovechar mejor este instrumento, las normas que regulan el mercado único deben dejar espacio a la negociación colectiva y a las estructuras de representación local, y alentar (o al menos no desalentar) la asociación de trabajadores y patronos. Lo mismo, con mayor razón, debe ocurrir en el ámbito del proceso legislativo.

El mercado único es un testimonio de las aspiraciones colectivas de los ciudadanos. El voto, expresión por excelencia del compromiso democrático, es el instrumento principal a través del cual afirman su voluntad. Las elecciones de 2024 marcaron un punto de inflexión para que el Parlamento Europeo de la legislatura que empezó con ellas tenga una profunda responsabilidad: dirigir la elaboración y la ejecución de un nuevo marco sólido para el mercado único, garantizando que este encarne plenamente los valores democráticos y satisfaga las exigencias en constante evolución de sus ciudadanos.

Para reforzar este proceso, sería útil establecer una conferencia permanente de ciudadanos para informar y hacer el seguimiento de este informe. La Conferencia sobre el Futuro de Europa (COFOE, por sus siglas en inglés) ha señalado claramente que los ciudadanos desean implicarse de una manera más sistemática en el desarrollo y en la ejecución de las políticas públicas europeas. Concretamente, una de las propuestas que se plantearon en el pleno de esta conferencia sugería organizar asambleas de ciudadanos de forma periódica. Esta propuesta ha sido retomada por la Presidencia de la Comisión Europea mediante paneles de ciudadanos, que están destinados a convertirse en un elemento esencial de la vida europea, contribuyendo a reforzar nuestras democracias.

Una conferencia permanente de ciudadanos podría colaborar con las tres principales instituciones de la UE y elaborar recomendaciones sobre cómo realizar el informe, proporcionando una perspectiva muy valiosa más amplia y fundamentada. Desde luego, si el mercado único siempre ha sido y debe seguir siendo el eje y el motor de la integración de la Unión Europea, ninguna reforma, ningún proyecto innovador, ningún progreso real será posible, comprendido y aceptado por nuestras opiniones públicas sin la participación activa y la auténtica implicación de los ciudadanos europeos.

El momento de actuar es ahora. Debemos trabajar todos juntos por un mercado único más fuerte y una Unión Europea más sólida y competitiva.

Agradecimientos

Si mis padres no hubieran decidido llevarnos a mi hermano y a mí a vivir con ellos a Estrasburgo cuando éramos niños, mucho antes del nacimiento del mercado único, este libro y la pasión europea que lo acompaña quizá no habrían existido.

Tampoco lo habría conseguido si no hubiera estado acompañado y ayudado en este viaje por Tullio Ambrosone, Andrea Lamberti, Monica Nardi y Nicolò Conti. Gracias también a Eric Philippart, en Bruselas.

Gracias al *think tank* Arel y a su presidente, Francesco Merloni.

Y gracias a los investigadores y a los directores de las sedes del Instituto Jacques Delors de París, Berlín y Bruselas, coordinados por Pascal Lamy. Un agradecimiento especial a Manuel Muñiz, Diego del Alcázar Benjumea y Santiago Íñiguez de Onzoño, así como a todos los colegas y estudiantes de IE University, por la cálida acogida que me brindaron en Madrid y por la extraordinaria oportunidad de enseñanza e investigación.

Como he escrito en el libro, mi agradecimiento sincero a todos los que contribuyeron en la elaboración del informe, y, por tanto, del libro mismo, con sugerencias, comentarios e ideas. Son tantos que no podría citarlos. Un verdadero ejercicio colectivo.

Y un agradecimiento infinito a mi familia, a mi esposa y a mis hijos.